Antonio Elster

Wie Ihre kleinen Ideen & Erfindungen großes Geld verdienen

Deutscher Patentschutz für 40 Euro

Reihe: MEHR WISSEN ALS ANDERE

IO

Gedruckte Zahlen-, Preis-, Adreß-, Verfahrens- und alle sonstigen Angaben und Darstellungen können sich schnell ändern, Fehler können geschehen und die persönlichen Ausgangs-voraussetzungen der Leser sind im Allgemeinen sehr verschieden. Daher dienen alle Angaben in diesem Buchtitel lediglich der Orientierung: Sie stellen keine Empfehlung oder Anleitung für konkrete Vorgehensweisen dar. Sie erheben keinen Anspruch auf Vollständigkeit. Und sie sind ausschließlich als unverbindliche Information zu verstehen, wobei der Leser in jedem Fall gebeten und gehalten ist, sich ausführlich weitergehend zu informieren. Die eventuelle Verwendung von hier beschriebenen Daten und Verfahren erfolgt auf eigenes Risiko. Eine Haftung des Autors und des Verlages für Personen-, Sach-, Vermögens- und alle anderen Schäden ist ausnahmslos ausgeschlossen. Druck- und andere Fehler bleiben vorbehalten.

Das Urheberrecht sowie sämtliche weiteren Rechte an diesem Buchtitel sind ausschließlich dem Autor vorbehalten. Jeder Fall

- von Nachdruck oder allen anderen Arten der Vervielfältigung,
- von vervielfältigter Zuverfügungstellung oder Inhaltsnutzung,
- von Zuverfügungstellung oder Inhaltsnutzung in elektronischen Medien wie, aber nicht beschränkt auf: Internet - einschließlich der auszugsweisen Textverwendung in Internet-Diskussionsforen -, Fernsehübertragungen, Radioübertragungen, Daten-Streams,
- von Übertragung auf elektronische Datenträger wie, aber nicht beschränkt auf: DVD, CD, Speicherkarte, Speicherbaustein, Computerfestplatte, Diskette, Magnetband,
- von Weiterverarbeitung oder Weiternutzung wie, aber nicht beschränkt auf: Übersetzung, Konvertierung in eine beliebige elektronische Form, Anfertigung einer elektronischen Datei, Verbreitung als Hard- oder Softcopy

dieses Buches, oder einzelner Teile daraus, **ist ausdrücklich nicht gestattet: Jeder Einzelfall der wie immer gearteten Nutzung von grafischen oder textlichen Inhalten ist ohne schriftliche Genehmigung des Autors unzulässig, strafbar, und wird sowohl strafrechtlich als auch zivilrechtlich verfolgt.**

Antonio Elster:
Deutscher Patentschutz für 40 Euro

© 2009 Antonio Elster. Alle Rechte vorbehalten. Zweite deutsche Auflage. Titelbild/Einbandgestal-tung Antonio Elster. Herstellung und Verlag BOD GmbH, Norderstedt. ISBN 978-3-8334-2638-4 (ISBN-10: 3-8334-2638-1). Printed in Germany 2009

Seitdem sich Menschen Ihrer eigenen Existenz und damit der Unbequemlichkeit des Alltags bewußt sind, wird gesucht, geforscht und entwickelt – und dabei immer wieder Neues entdeckt. Aus diesen Entdeckungen werden Produkte hergestellt, die das Leben bequemer, billiger, schneller oder in anderer Weise besser machen.

Bevor dieses Endstadium aber überhaupt erreicht werden *kann*, müssen Menschen in ihrem Kopf, in ihrem Vorstellungsvermögen und in ihrer Phantasie, beständig neue Ideen als (zunächst vermutete) Verbesserung entwickeln. Interessanterweise ist dies bei vielen Menschen der Fall: Wer kennt nicht aus eigener Erfahrung die aus dem Nichts auftauchenden Gedanken: »..da müßte man mal..« ? Eine unbändige Neugier und ein offensichtlich angeborener Drang, es sich in der Welt bequemer einzurichten, scheinen förmlich dazu zu zwingen. Denn gar nicht selten entstehen funktionierende, interessante, erfolgreiche Innovationen aus einer kleinen Unbequemlichkeit, Ärgerlichkeit oder Not heraus.

Würde diese schier unüberschaubare Menge an menschlicher Innovationskraft nicht existieren – unsere Welt wäre eine völlig andere: Neben einem äußerst gefährlichen und tristen Höhlenleben von durchschnittlich 25 Jahren Dauer würde natürlich auch keinerlei Kunst und Kultur existieren: Denn auch zum wundervollen Malen Michelangelos, oder zum ertragreichen Anbau von Weizen, war ganz bewußte und gut funktionierende Technologie notwendig, über die sich irgendwann einmal jemand tiefe Gedanken gemacht haben muß, dann aktiv wurde – und schließlich mit seinen Versuchen erfolgreich war. In diesem Sinn sind all die Nachdenker und Erfinder – allgemein: die an Mechanik, Elektrik, Chemie und anderen naturwissenschaftlichen Fachbereichen interessierten und engagierten Menschen – die einzigen, und die einzig wahren, Menschenfreunde und Verbesserer der Welt, die diese Bezeichnung verdienen.

Doch welche klugen und aufmerksamen Geister haben sich damals die geschickte Pinselbindeart, den neuen langlebigen Farbstoff oder die Sähmaschine ausgedacht? Und hat sich für diese Köpfe der oft große Zeit- und Kostenaufwand gelohnt, der notwendig ist, um eine bloße Idee schließlich in die wirkliche Welt zu übertragen? Wir alle wissen leider: Bis auf wenige Ausnahmen sind diejenigen Personen unbekannt, die die Menschheit durch die Jahrtausende immer einen kleinen Schritt weiter nach vorn brachten. Zwar geht mit jeder guten Idee im günstigsten Fall die Aussicht auf Ruhm und Reichtum einher. Man denke nur an Albert Einstein. Die Veröffentlichung seiner neuen physikalischen Theorie[1], die kaum jemand verstand und die heute das Leben vieler beeinflußt, aber immer noch von eher wenigen Menschen verstanden wird – machte ihn schnell zu einem weltberühmten Mann.

Für andere Beispiele braucht man gar nicht so hoch zu schauen. Auch in den »Niederungen« der handfesten Alltagsprodukte sind Namen wie beispielsweise Edison, Diesel und Linde jedem geläufig. Auch diese Tüftler und Erfinder fanden noch große, grundsätzliche, bis dahin unbekannte Neuerungen, die ganze Wirtschaftsbereiche massiv beeinflußten und die schon aus diesem Grund die Gründung eigener Unternehmen begünstigte. Damit war – zwar nicht immer, aber oft – Ruhm und finanzieller Erfolg gewährleistet.

Die weitaus meisten neuen und erfolgreichen Ideen jedoch waren früher, sind heute und werden auch in der Zukunft immer die

---

[1] In Kombination mit den nicht lange auf sich warten lassenden Beweisen für die Richtigkeit.

»kleinen« Verbesserungen sein. Diese kleinen Geistesblitze gehen nicht an die Grundlagen der Physik. Sie finden nicht bislang unbekannte Naturgesetze und begründen nicht den Aufbau neuer Industrien. Grundsätzliche, große Entdeckungen in unserer Welt werden für Einzelpersonen ohnehin schwierig – nicht zuletzt deshalb, weil die erforderliche Labor- und Versuchseinrichtung zunehmend komplex und deshalb sehr teuer wird.

Doch das macht überhaupt nichts. Denn gerade die kleinen, auf den ersten Blick eher unscheinbaren Ideen können ein immenses Potential besitzen, weil sie einfach und kostengünstig umzusetzen sind: Es fällt viel leichter, sie zuende zu denken. Es ist einfach, und kostengünstig, ein funktionierendes Muster oder einen Prototyp zu herzustellen. Die Produktion läßt sich gut überschauen. Und schließlich sprechen kleine und kostengünstige Produkte in der Regel den Massenmarkt an, der hohe Stückzahlen und Umsätze verspricht. Von diesen Vorteilen werden auch potentielle Lizenznehmer angezogen, was wiederum die Chance für eine erfolgreiche Vermarktung vergrößert: Also, aus der Sicht des Einzelnen kann es wesentlich besser sein, sich mit kleineren Alltagsinnovationen zu beschäftigen, als den nur sehr vereinzelt möglichen, großen weltverändernden Ideen nachzuhaschen.

Damit jeder Besitzer einer Denkmaschine auch ohne viel Kapital und ohne eigene Anwaltskanzlei die Möglichkeit hat, die Ergebnisse seiner Maschine im eigenen Namen zu schützen und die Vorzüge seines geistigen Eigentums zu genießen, anstatt es in irgendeiner Schreibtisch- oder Gehirnsschublade verstauben zu lassen, darum haben viele Länder eine Patentbehörde (das Patentamt) eingerichtet[2]. Diesem Patentamt obliegt es, mithilfe der sogenannten Patentierung neuen Ideen und Verfahren gewerbliche Schutzrechte zu erteilen, zu verwalten und die Öffentlichkeit über bestehende gewerbliche Schutzrechte zu informie-

---

[2] Selbstverständlich gibt es noch ein ganze Reihe weiterer, zum Teil sehr eigennütziger Gründe, weshalb der Staat die Patentierung anbietet – doch dies würde hier den Rahmen sprengen.

ren. In Deutschland heißt die Patentbehörde *Deutsches Patent- und Markenamt,* ist eine dem Bundesministerium für Justiz nachgeordnete Bundesbehörde und hat ihren Hauptsitz in München:

Deutsches Patent- und Markenamt

Zweibrückenstraße 12, 80331 München
Telefon (089) 2195 - 0
Telefax (089) 2195 - 2221
Internet: www.dpma.de
Postanschrift:
Deutsches Patent- und Markenamt, 80297 München

Dabei ist eine Patentierung im Grunde nichts anderes als eine einfache Registrierung einer neuen technischen Idee, verknüpft mit einem individuellen Namen zu einem konkreten Datum. Aus Erfindersicht wird damit ein relativ sicherer Schutz aufgebaut der verhindert, daß unberechtigte Dritte das fremde geistige Eigentum kostenlos zum eigenen Vorteil nutzen – also zum Beispiel herstellt, verkauft und damit Geld verdient. Geschützt wird also vor billiger Kopie und Nachahmung. Werden die existierenden Eigentumsrechte (...das ist wichtig: zuerst müssen sie in Existenz gebracht werden !) verletzt, dann ist der Klagegrund gegeben: Schadensersatz kann eingefordert werden.

So einfach dies klingt - die Praxis kann es wie oft in sich haben. Neben der Schwierigkeit der exakten Formulierungen dreht sich bei Patenten vieles darum, wer beim Anmelden schneller war. Dabei unterscheiden sich die Systeme, und die dahinterstecken-den Mentalitäten, beispielsweise der USA und Deutschland (Europa) ganz erheblich: In den USA kann registrierter Patent-inhaber werden, wer die betreffende Idee nachweislich zuerst hatte. Nicht so in Deutschland: Hier wird offizieller Besitzer, wer die Idee zuerst anmeldet ! Das System der USA ist demnach gerechter und fairer, kann aber manchmal unmöglich zu erbrin-gende Beweise erfordern. In Deutschland dagegen kann jeder eine gute Idee in der Garage des Freundes »abgucken« und diese postwendend im eigenen Namen anmelden – wodurch er tatsächlich rechtmäßiger Patentinhaber wird, falls der wirkliche Erfinder ihm nicht zuvor kommt ! Dazu sei ebenfalls noch angemerkt, daß sich nicht wenige Menschen während des Prozesses der Ideenausarbeitung zu regelrechten Perfektionisten entwickeln: Falls überhaupt, denken sie erst dann an eine Schutzanmeldung, wenn ihr Produkt quasi serienreif entwickelt ist. Doch das kann bereits zu spät sein. Es ist ratsam, so früh wie möglich – zum Beispiel unmittelbar nach dem Feststellen der Funktion eines Prototyps – das Anmeldeverfahren zu beginnen: Denn mit dem erstmaligen Antragseingang beim Patentamt wird das Datum für diesen Antrag festgehalten. Dieses Datum ist Dreh- und Angelpunkt der gesamten Registrierung sowie für alle Patentunklarheiten und -streitigkeiten, die sich irgendwann in der Zukunft möglicherweise entwickeln könnten.

Falls also Sie, liebe Leser, bereits eine gute Idee im Kopf haben, die Sie schützen lassen möchten, dann ist daraus der erste Schluß zu ziehen:

1. Niemanden teilhaben lassen, und
2. umgehend anmelden, um das frühestmögliche Anmeldedatum zu sichern.

Abschließend vielleicht eines noch: Auch falls Ihnen Ihre Idee gar zu klein oder unbedeutend vorkommt: **Wir empfehlen Ihnen generell, gute Ideen als Gebrauchsmuster anzumelden.** Die Kosten dafür sind gering und der Aufwand hält sich in Grenzen. Groß dagegen können Ihre Chancen sein: Soll wirklich ein anderer Ihre ungeschützte Idee ohne Gegenleistung nutzen können? Das wäre doch nicht...im Sinne des Erfinders – oder ?

...und damit Geld verdienen

Um mithilfe kleiner und großer Patente dem finanziellen Erfolg eine gute Chance zu geben, existieren mehrere Möglichkeiten. Neben der Produktion und dem Vertrieb im eigenen Namen ist der Verkauf der Produktions- und/oder Vertriebsrechte, also die Lizenzierung, die am häufigsten genutzte Lösung. Für die erste Möglichkeit benötigt der Erfinder ein ausgesprochen gutes Organisationstalent und oft viel Kapital, um die Produktion und den Vertrieb erfolgreich aus dem Nichts auf die Beine zu stellen. Für die zweite Möglichkeit, die für die meisten Menschen die erste sein sollte, ist dagegen »lediglich« das Finden eines vielversprechenden Lizenznehmers sowie die Ausarbeitung eines sogenannten Lizenzvertrags erforderlich. In diesem Vertrag wird schriftlich geregelt, daß

- der Inhaber eines Patents (des Schutzrechts) als Lizenzgeber
- einem bestimmten Vertragspartner als Lizenznehmer
- die Genehmigung erteilt,
- dieses Schutzrecht
- vollständig oder in Teilen
- gegen die Zahlung von einer oder mehreren Gebühren
- wie im Vertrag festgehalten zu nutzen.

Durch die Vergabe einer Lizenz wird also bestimmt, in welchem Umfang und zu welchen Bedingungen ein Lizenznehmer die geschützte Idee verwenden darf, oder auch muß. Festzulegende Bestimmungen sind beispielsweise

- die Laufzeit des Vertrages (höchstens für die maximale Dauer des Gebrauchsmusterschutzrechtes)
- die Art der Lizenz (Produktions- oder Vertriebslizenz, oder beides gleichzeitig)
- die Marktregion (Bundesland, Deutschland, Europa, weltweit)
- die Unterlizenzregelung
- zu produzierende Mindestmengen
- Lizenzhöhen, Zahlungsbedingungen, Zahlungsfristen und vieles mehr.

Beschränkungen dürfen dem Lizenznehmer in nahezu jeder Hinsicht auferlegt werden, allerdings dürfen diese Beschränkungen lediglich das Schutzrecht selbst betreffen und nicht darüber hinaus gehen. Sonst würde gegen das Kartellrecht verstoßen. Dann stellt sich die Frage, ob es sich um eine einfache oder um eine Exklusiv-Lizenz handeln soll. Die *Exklusiv-Lizenz* überträgt dem Lizenznehmer alle Rechte alleinig an der Erfindung. Sie kann aber nach ihrer Art, also zum Beispiel nur die exklusive Produktionslizenz, oder nur die exklusive Vertriebslizenz beschränkt sein. In diesen Fällen besitzt dann ausschließlich der Lizenznehmer die Befugnis über das Schutzrecht. Ist keine entsprechende Klausel enthalten, verliert sogar der Lizenzgeber selbst seine Rechte an dem Produkt für die Laufzeit des Vertrages. Bei der *einfachen Lizenz* hingegen hält der Lizenzgeber weiterhin Rechte an seinem Produkt. Es ist ihm somit möglich, mehrere Lizenzen an unterschiedliche Lizenznehmer zu vergeben. Diese rechtlichen Unterschiede werden finanziell ausgeglichen: Lizenzgebühren aus Exklusivverträgen, also die Beträge, die der Erfinder für seine gute Idee erhält, sind regelmäßig höher als die aus Einfachlizenzverträgen.

Die Frage für den Erfinder, ob eine einfache oder eine Exklusiv-Lizenz die bessere Wahl ist – die stellt sich lediglich dann, wenn tatsächlich eine Wahl besteht: Dies ist aber oft gar nicht der Fall.

Denn meistens hat der Käufer, also der Lizenznehmer, sehr genaue Vorstellungen davon, was er möchte und was nicht. Entweder es wird ihm genau dies angeboten – oder es gibt keinen deal! So einfach ist es oft. In einem Lizenzvertrag sollte auch geregelt werden, ob der Lizenznehmer Unterlizenzen vergeben darf. Wird keine Regelung getroffen, so bedeutet dies im Allgemeinen, daß Unterlizenzen vergeben werden dürfen.

Ganz wichtig ist natürlich die Frage der Lizenzzahlung. Da in Deutschland, gerade noch, Vertragsfreiheit besteht, können alle möglichen und unmöglichen Bezahlungsschemata verwendet werden. Die Zahlungshöhen sind vom Potential des Produktes und von der Art des Vertrages abhängig – und natürlich vom Verhandlungsgeschick der beiden Parteien. In der Regel ist eine Exklusivlizenz teurer als eine einfache Lizenz. Da bei genauem Nachdenken über Lizenzverträge

- sehr viele Dinge im Detail zu regeln sind und
- weil es nicht selten um interessante wirtschaftliche Dimensionen geht und
- weil sich Vertragspartner gern falsch erinnern,

sollten Lizenzverträge grundsätzlich immer schriftlich verfaßt werden. Dabei ist es nicht empfehlenswert, einen Mustervertrag zu verwenden oder bestehende Lizenzverträge einfach zu übernehmen. Die eigenen Ausgangsvoraussetzungen sind selten mit anderen zu vergleichen. Auch muß der Lizenzgeber darauf achten, von den oft erfahrenen Lizenznehmern (Geschäftsführer, Firmenanwälte etc.) nicht über den Tisch gezogen zu werden. Umgekehrt ist es auch wichtig, mit beiden Beinen auf dem Boden zu bleiben und die eigenen Vorstellungen und Forderungen nicht in den blauen Himmel zu schrauben.

Doch bevor es zum Vertragsabschluß kommen kann, muß erst einmal ein abschlußwilliger Lizenznehmer gefunden sein. Und dies ist in der Regel alles andere als einfach. Natürlich kann man bei Bekannten herumfragen, Messen besuchen und ähnliches. Die effektivste Maßnahme jedoch ist häufig die gezielte Ansprache.

Mithilfe großer Datenbanken, wie etwa *Wer liefert was* und andere, werden in Sekundenschnelle potentielle Ansprechfirmen gefunden, deren Produktions-, Produkt und/oder Vertriebssprektrum „passt". Dort anzurufen, den richtigen Gesprächspartner ausfindig zu machen und dann auch noch sein Interesse zu wecken, das ist der schwierigere Part. Hat man es aber geschafft, seine Idee oder sein Produkt greifbar und persönlich vorzustellen, kommt es also zu einem Prototypen-Vorstellungstermin, dann sieht es oft ganz gut aus.

Dies ist überhaupt ein wichtiger Punkt: Die Praxis zeigt immer wieder, daß ein funktionierender Prototyp (oder ein nah an der Realität ausgeführtes Muster), der angeschaut und betastet werden kann, fast universelle Voraussetzung für den Erfolg ist. Sie *müssen* ihr Produkt zeigen und vorführen können! Es muß nicht perfekt aussehen, es darf improvisiert wirken – **aber es muß funktionieren**. So schön und seriös eine perfekte Dokumentation und wohlgewählte Worte wirken: Zeigen Sie einen funktionierenden Prototyp.

Wenn dann ein potentieller Lizenznehmer gefunden wurde, hat er, wie schon erwähnt, nicht selten die besseren und tieferen Einblicke in das Vertragswesen und in die Vertragsgestaltung. Da hier viele Risiken lauern, sich aber auch viele Möglichkeiten bieten, ist es fast immer ratsam, sich spätestens ab diesem Zeitpunkt mit einem Anwalt seines Vertrauens zu beraten. Schließlich geht es dann um eine, zu Ihren Gunsten möglichst vorteilhafte, Vertragsgestaltung: Es muß also vielleicht gar nicht unbedingt ein Patentanwalt sein. Ein gewiefter Vertragsrechtler kann Ihnen in dieser Situation eventuell sogar die besseren Dienste leisten. Beachten Sie in diesem Zusammenhang bitte auch unseren Ratgeber-Titel **Der richtige Lizenzvertrag für Patent-Inhaber und Erfinder (**ISBN 978-3-8370-8867-0).

Als »kleiner Bruder« des Patents wird der Gebrauchsmuster-schutz, oder kurz das Gebrauchsmuster, häufig bezeichnet. Ganz unberechtigt ist das nicht: Denn tatsächlich ist das Gebrauchsmuster ein vollwertiges Patentschutzrecht, was ja zunächst nichts anderes bedeutet als die in irgendeiner Form gesetzlich geregelte Registrierung eines neu erfundenen Gegenstandes oder technischen Verfahrens. Zwischen beiden Schutzrechtsarten existieren große Übereinstimmungen, aber eben auch einige Unterschiede. Die wichtigsten Vorteile des Gebrauchsmusters im Vergleich zum »großen« Patent liegen

> in **wesentlich geringeren Kosten,**
> in der **kurzen Bearbeitungsdauer** und
> in einem **relativ unkomplizierten Anmeldevorgang.**

Als Nachteile können die Beschränkung des Gebrauchsmusterschutzes ausschließlich auf technische Gegenstände, die nur halb so lange Dauer des Schutzrechts (maximal 10 Jahre anstatt 20) und die Beschränkung auf nationales Recht (Gebrauchsmuster schützen nur in Deutschland) angesehen werden. Diese Nachteile wiegen im Vergleich zur großen Patentanmeldung allerdings für Privatanmelder oft weit geringer als für große Unternehmen – weshalb sich das Gebrauchsmuster besonders gut auch für kleinere Erfindungen von Menschen wie Du und ich eignet.

Den Nachteilen gegenüber stehen handfeste Vorteile: Bei einem Patent dauert es in der Regel jahrelang, bis die Anmeldung endlich durch das Prüfungsverfahren gegangen ist und schließlich erteilt wird – bei teils immensen Kosten, die vom Normalbürger in der Regel nur schwer zu bewältigen sind. Das Gebrauchsmuster dagegen wird bereits wenige Wochen nach der Beantragung in ein Register, die Gebrauchsmusterrolle, eingetragen.

Eine Besonderheit ist die *Neuheitsschonfrist* von sechs Monaten: Für bis zu sechs Monate nach einer Veröffentlichung seiner Idee, zum Beispiel auf einer Messe, kann der Erfinder sie dennoch als Gebrauchsmuster anmelden. Im Gegenteil zum Patent: Ein Patent kann nur angemeldet werden, wenn die Erfindung zum Zeitpunkt der Anmeldung nicht öffentlich bekannt war bzw. ist. Eine vorzeitige Produktvorstellung, etwa auf einer Messe oder in einem Zeitungsbericht, verhindert jede Patentierung!

Auch beim Kriterium des *erfinderischen Schrittes* ist das Gebrauchsmuster im Vorteil. Während beim Patent die erfinderische Leistung genau überprüft und bewertet wird, gibt das Gebrauchsmuster mehr Freiraum. Auch kleinere Ideen werden damit gewürdigt.

Weil viele Produkte der menschlichen Innovation nicht nur mit einem Patent, sondern wahlweise oder ergänzend auch mit dem Gebrauchsmuster geschützt werden können, deswegen ist die Bezeichnung *Kleiner Bruder* eigentlich etwas zu bescheiden und dadurch irreleitend. Dies ist auch daran zu erkennen, daß die Gebrauchsmusteranmeldung manchmal sogar als unkomplizierte Vorsicherung für eine zu einem späteren Zeitpunkt geplante Patentanmeldung verwendet wird.

1. Mögliche Anmelder: Wer kann seine Idee schützen?

Jede Person mit Wohnsitz in Deutschland kann ein Gebrauchsmuster anmelden, und kann wahlweise auch den gesamten Registriervorgang bis hin zur abschließenden Urkundenerteilung völlig allein und selbständig durchführen. Die Vertretung durch einen Rechtsanwalt oder Patentanwalt ist jederzeit, auch nachträglich, möglich, bleibt aber ohne Einschränkung: immer freiwillig.

Personen, die im Inland keinen Wohnsitz und auch keine Niederlassung, zum Beispiel ihrer Firma, besitzen, können ebenfalls ein Gebrauchsmuster anmelden und Rechte aus dem Gebrauchsmusterschutz geltend machen. Allerdings müssen sie sich für die Laufzeit des Schutzrechtes (bis zu 10 Jahre) von einem Patentanwalt oder Rechtsanwalt vertreten lassen und diesen bereits auf dem ersten Antragsformular benennen bzw. beauftragen.

2. Meine oder Deine Idee ?

Wer welche Idee im eigenen Namen anmelden kann, ist durch das eingangs erwähnte Anmeldeprinzip in Deutschland eindeutig: Wer zuerst anmeldet, dem gehören die Schutzrechte an dieser Idee. Dies gilt für alle selbständigen Menschen und für alle selbständigen Ideen.

Einen Sonderfall stellen angestellte Mitarbeiter dar: Diese können es bei Erfindungen des eigenen Geistes nämlich schnell mit dem sogenannten Arbeitnehmererfindungsrecht zu tun bekommen. Und zwar immer dann, wenn ihre Idee oder Erfindung mit ihrem Arbeitsbereich zu tun hat. Diese Verkomplizierung entsteht nicht aus dem Gebrauchsmusterschutzrecht, sondern gilt für jede Art von Anmeldung, also auch für das reguläre Patent: Ein angestellter Werkzeugmacher darf seine neuentwickelte Form eines Spezialfräsers nicht unbedingt in seinem Namen anmelden, sondern muß dies im Namen seines Arbeitgebers oder unter Angabe seines Arbeitgebers tun. Das Gesetz unterscheidet dabei zwischen *Diensterfindungen* und *freien Erfindungen* von Arbeitnehmern. Eine *Diensterfindung* liegt vor,

- wenn technische Verbesserungsvorschläge und Erfindungen durch Gebrauchsmuster oder Patent schutzfähig sind,
- und diese, während das Arbeitsverhältnis in Kraft war, entweder im Unternehmen, zu Hause oder in der Freizeit entstanden sind,
- und diese entweder auf der typischen Arbeitnehmertätigkeit, oder auf der Erfahrung und Tätigkeit des Arbeit-

nehmers im Betrieb beruhen.

In diesen Fällen muß der Arbeitnehmer seine Erfindung dem Arbeitgeber unverzüglich melden. Dieser muß sie dann innerhalb einer Frist entweder zum Patent anmelden, oder aber die Erfindung dem Arbeitnehmer freigeben. Nimmt der Arbeitgeber die Erfindung in Anspruch, so gehen die meisten Rechte daran auf den Arbeitgeber über. Allerdings muß dem angestellten Erfinder eine angemessene Vergütung gezahlt werden. Wie so oft ist dabei unklar, was »angemessen« bedeutet: Die Höhe der Vergütung soll sich nach der wirtschaftlichen Verwendbarkeit, nach den Aufgaben und der Stellung des Arbeitnehmers sowie an dem Anteil des Betriebes am Zustandekommen der Diensterfindung richten.

Eine *freie Erfindung* muß dem Arbeitgeber nicht angezeigt werden. Allerdings muß der Arbeitnehmer den Arbeitgeber ausreichend über die Erfindung informieren. »Ausreichend« bedeutet: Der Arbeitgeber muß abschätzen können, ob es sich tatsächlich um eine freie Erfindung handelt. Wird der Arbeitgeber nicht oder nicht ausreichend informiert, so *kann* er innerhalb von drei Monaten schriftlich Einspruch gegen die Freiheit der Erfindung einlegen. Erfolgt innerhalb dieser Frist kein Einspruch, so kann die Erfindung nicht mehr als Diensterfindung beansprucht werden.

3. Welche Ideen und Produkte können geschützt werden?

Gemeinsam sind beiden Schutzrechten die Grundvoraussetzungen für ihre Erteilung. In jedem Fall muß es sich bei registrierfähigen Ideen nämlich um

1. neue technische Erfindungen, die
2. auf einem erfinderischen Schritt beruhen und
3. gewerblich anwendbar sind,

handeln. Da stellt sich schnell die Frage: Wer beurteilt eigentlich, ob meine Idee diese Grundvoraussetzungen erfüllt? Bei der Gebrauchsmusteranmeldung ist die Antwort einfach: Niemand. Denn zunächst werden alle Anmeldungen zum Gebrauchsmusterschutz *ausschließlich* auf Form, Formulierung und Vollständigkeit geprüft. Der eigentliche Inhalt der Anmeldung interessiert erst einmal nicht.

Und dies ist genau eine wesentliche Besonderheit dieses Schutzrechtes: Um den Anmeldevorgang kostengünstig und schnell zu gestalten, findet zunächst überhaupt keine Prüfung des Inhaltes statt. Die Anmeldung wird erst einmal formell durchgeführt, die Idee und der Erfinder werden registriert und die Gebrauchsmuster-Urkunde wird erteilt. Dabei bleibt der gesamte Vorgang, sozusagen absichtlich, bis zu einer freiwilligen Neuheitsprüfung (der sogenannten Recherche) unter dem Vorbehalt, nachträglich für ungültig erklärt werden zu können. Dies geschieht zum Beispiel dann, wenn sich durch Recherche herausstellt, daß eine oder mehrere Anmeldevoraussetzungen nicht erfüllt waren. Die kostenpflichtige Recherche, mehr dazu weiter unten, kann jedermann, also zum Beispiel auch die Konkurrenz, zu jeder Zeit beantragen. Da sie nach den gültigen Gebührensätzen wesentlich teurer ist als die eigentliche Anmeldegebühr (250 zu 40 Euro), bleibt eigentlich nur ein Schluß: Erst einmal anmelden, dann weitersehen. Übrigens kann auch jede Privatperson auf der Internetseite des Deutschen Patentamts eine eigene Recherche durchführen. Deren Ergebnis ist dann zwar nicht amtlich, und damit nicht bindend. Die Resultate aber können dem Erfinder bereits einen guten Anhalt liefern, ob er wirklich eine *neue* Idee besitzt.

In diesem flexiblen, für Deutschland geradezu unerwartet pragmatischen System, liegt der Hauptgrund für die äußerst geringen Kosten und für die schnelle Bearbeitungzeit der Gebrauchsmusteranträge. Je nach persönlichen Umständen kann es also zum eigenen Vorteil gereichen, vielleicht doch lieber eine Idee zuviel als zuwenig anmelden: Es kostet fast nichts, bietet aber viele Chancen. Und wenn die Gebrauchsmustereintragung irgendwann doch gelöscht werden sollte – na und ? Es gibt Menschen, die geben jede Woche 40 Euro für Lotto aus...

Die eingangs genannten grundsätzlichen Eintragungs-Voraussetzungen sind wie folgt definiert:

1. Eine **Neuheit** im Sinne des Gebrauchsmusterschutzes liegt dann vor, wenn nicht zum derzeitigen, und nicht zu einem früheren, Stand der Technik gehörend. Mit »Stand der Technik« sind alle Kenntnisse gemeint, die bis zum Anmeldetermin öffentlich zugänglich waren.

2. Ein **erfinderischer Schritt** soll über den gegenwärtigen Stand der Technik und das rein handwerkliche Können hinausgehen und darf nicht offensichtlich sein. Das Produkt oder die Idee muß ein Problem lösen, das bis dahin nicht gelöst war. Der Anspruch an den erfinderischen Schritt liegt beim Gebrauchs-muster niedriger als beim Patent, damit auch kleinere Ideen eine Chance haben.

3. **Gewerbliche Anwendbarkeit** bedeutet, daß das Produkt auf gewerblichen oder landwirtschaftlichen Gebiet sinnvoll herge-stellt und/oder verwendet werden kann.

Grundsätzlich erlaubt es das Gebrauchsmuster, neben Vorrichtungen, Apparaten und Anlagen auch chemische Stoffe, Lebensmittel, Arzneimittel und Mikroorganismen zu schützen. Technische Gegenstände aller Art zu schützen ist also kein Problem, etwa eine neue Schraubenform oder einen neuen Türöffner. Als Faustregel gilt: Wenn man das Produkt anfassen kann (..und es vollständig oder teilweise neu ist), dann kann es als Gebrauchsmuster geschützt werden.

NICHT ZULÄSSIG oder NICHT GEEIGNET
für eine Anmeldung als Gebrauchsmuster sind:
(Auszug)

- Verfahren: zum Beispiel Produktions- oder Herstellungsverfahren, Meßprozeduren, Behandlungsverfahren.
- Wissenschaftliche Theorien/mathematische Methoden.
- Konstruktionen wider die Naturgesetze, also beispiels-weise alle Arten von Perpetuum Mobile.
- ästhetische Formschöpfungen. Dafür ist das Geschmacksmusterrecht zuständig.
- Pflanzen- oder Tiersorten. Dafür ist das Sortenschutzrecht zuständig.
- Verfahren für gedankliche Tätigkeiten, zum Beispiel Herstellungspläne oder Schnittmuster.
- Regeln, zum Beispiel für Spiele oder Buchführungssysteme.
- EDV-Programme
- Wissen, das bei der Allgemeinheit in Vergessenheit geraten ist. Sogenanntes Volkswissen kann nicht geschützt werden, da es vor der Anmeldung existierte und daher nicht die Anmeldekriterien erfüllt.

Zusätzlich gilt eine weitere Einschränkung: Erfindungen, deren Veröffentlichung oder Verwertung gegen die öffentliche Ordnung oder die guten Sitten verstoßen würde, können ebenfalls nicht geschützt werden. Beispielsweise könnte man sich einen zuverlässig funktionierenden Radarblitzschutz für Autofahrer denken, der Autokennzeichen auf Blitzfotos unlesbar macht. Durch diese Funktion wäre eventuell das Kriterium »..die Veröffentlichung oder Verwertung verstößt gegen die öffentliche Ordnung..« erfüllt und die Anmeldung könnte verweigert werden.
Aber – kein Erfinder muß sich, weder in der gewählten Produkt-

bezeichnung noch in der Anmeldung selbst, auf eine bestimmte zukünftige Verwendung seiner Idee festlegen. Genausogut könnte das gleiche Gerät daher auch ein »Identifikationsschutz von Bundeswehrkennzeichen im öffentlichen Verkehrsraum« sein und wäre damit uneingeschränkt anmeldbar. Als weitere Möglichkeit ist es außerdem denkbar, in weniger restriktiven Nationen anzumelden und dann den Patentschutz zu übertragen. Damit verlassen wir aber den Gültigkeitsraum des Gebrauchsmusters.

4. Die Recherche: Gibt's das schon ?

Wie bereits angesprochen steht zunächst oft nicht eindeutig fest, ob die Idee des Erfinders schon einmal jemand anderes hatte. Um dies herauszufinden, kann der Erfinder selbst in den Datenbanken des Patentamtes recherchieren. Mit der Gebrauchsmuster-Anmeldung, oder auch zu jedem beliebigen Zeitpunkt danach, kann auch das Patentamt beauftragt werden, solch eine Recherche durchzuführen. Dadurch wird das Resultat amtlich. Eine Pflicht zur amtlichen Recherche besteht nicht. Doch kann sie auch jederzeit von Dritten beantragt werden, zum Beispiel von einem potentiellen Lizenznehmer oder von einem Konkurrenten. Die Recherchengebühr beträgt zur Zeit (2009) 250 Euro und ist von demjenigen zu zahlen, der die Recherche beantragt. Nach Abschluß erhält der Antragsteller und der Anmelder einen Recherchebericht, in dem alle Patente und sonstigen Schutzschriften, die zur Beurteilung der Schutzfähigkeit des eigenen Gebrauchsmusters in Frage kommen *könnten*, aufgeführt sind. Mit dem Ergebnis der Recherche ist aber nicht unbedingt eine endgültige Entscheidung gefallen. Gar nicht selten geht es darum genau festzustellen, welche Formulierungen was genau schützen. Dabei spielen oft einzelne Worte in der Erfindungsbeschreibung oder in den Erfindungsschutzansprüchen die entscheidende Rolle. Sollte daraufhin das Patentamt einem Löschungsantrag stattgeben, dann wird das Gebrauchsmuster oder Patent mit sofortiger Wirkung zurückgezogen.

Hält die Gebrauchsmuster-Eintragung aber dieser Prüfung stand, so ist sie von ähnlich hohem Wert wie ein eingetragenes Patent. »Ähnlich«, weil die eingeschränkte Schutzdauer (10 Jahre im Vergleich zu 20 Jahren) sich finanziell nachteilig auswirken kann: Wenn eine jährliche Lizenzgebühr von 5.000 Euro vereinbart wurde, dann macht es leicht ersichtlich einen erheblichen Unterschied, ob der Erfinder seine Lizenzgebühr 10 Jahre lang oder 20 Jahre lang erhält. Unter bestimmten Bedingungen können Gebrauchsmuster auch noch zu einem späteren Zeitpunkt in ein Patent »umgewandelt« werden.

5. Kosten und Schutzdauer

Ein großer Vorteil des Gebrauchsmusters liegt in den geringen Kosten für dieses Schutzrecht. Die Gebühr für Anmeldung und Eintragung beträgt tatsächlich nur 40 Euro. Die Bedingungen an Neuheit, Form etc. als erfüllt vorausgesetzt, ist das Gebrauchsmuster dann durch diese kleine Gebühr drei Jahre lang rechtswirksam, das heißt: im Namen des Anmelders geschützt. Die 3-Jahresfrist beginnt mit dem erstmaligen Posteingangsdatum des vollständigen Antrags beim Patentamt.

Nach Ablauf dieser drei Jahre kann, nicht muß, das Schutzrecht noch insgesamt dreimal bis zu insgesamt höchstens zehn Jahren Schutzdauer verlängert werden. Mit jeder Verlängerung werden weitere Gebühren fällig. Dies entspricht einem häufigen Verfahren: Schutzrechte aller Art sind nahezu immer in ihrer Laufzeit beschränkt. Die Erhaltungszahlungen sind zur Zeit (Anfang 2009) nach folgendem Muster gestaffelt:

Jahr 4 – 6	210 Euro
Jahr 7 – 8	350 Euro
Jahr 9 – 10	530 Euro

Die aktuell gültigen Gebührensätze, sowie alle anderen in Betracht kommenden Gebührenarten finden sich im sogenannten Kostenmerkblatt des Deutschen Patentamtes.

Diese Aufrechterhaltungsgebühren sind jeweils nach Ablauf des dritten, sechsten und achten Jahres, jeweils am letzten Tag des Anmeldemonats fällig. Es gibt eine zweimonatige Zahlungsfrist. Werden die Gebühren trotzdem nicht fristgerecht beim Patentamt eingezahlt, so wird zunächst eine Mahngebühr von 50 Euro fällig. Sind die Gebühren auch nach Ablauf von sechs Monaten nach Fälligkeitstermin nicht gezahlt, dann erlischt das Gebrauchsmuster ohne weitere Mitteilung: **Die rechtzeitige Zahlung der Erstgebühr und der Aufrechterhaltungsgebühren obliegt ausschliesslich dem Antragsteller bzw. dem Gebrauchsmusterinhaber. Durch das Patentamt finden keine weiteren Zahlungserinnerungen statt!** Die Zahlungen können entweder bar im Patentamt in München (..oder bei den Geschäftsstellen in Jena und Berlin), oder durch normale Überweisung erfolgen. Bei Überweisungen gilt der Tag der Gutschrift auf das Konto des Patentamts als Zahltermin. Wichtig bei der Überweisung ist, stets den Verwendungszweck (eine standardisierte Nummer: der Gebührencode), und soweit bekannt, das Aktenzeichen anzugeben.

Anmelder, die nachweisen können, daß sie die Anmeldegebühr wegen ihrer persönlichen Verhältnisse nicht aufbringen können, haben die Möglichkeit, Antrag auf Verfahrenskostenhilfe zu stellen. Verfahrenskostenhilfe wird allerdings lediglich dann genehmigt, wenn das Gebrauchsmuster mit großer Wahrscheinlichkeit eingetragen wird. Der hierfür nötige Antragsvordruck ist ebenfalls kostenlos beim Patentamt erhältlich. Einem Anmelder, dem Verfahrenskostenhilfe genehmigt wurde, kann auf Antrag ein Patent- oder Rechtsanwalt beigeordnet werden.

6. Wie melde ich an?

Ist die Entscheidung gefallen, ein Gebrauchsmuster anzumelden, so läuft der Vorgang – hier zur besseren Übersicht zunächst im Schnellgang erzählt – wie weiter unten dargestellt ab. Im nächsten Kapitel folgen dazu detailliertere Erklärungen.

1. Antragsformular besorgen (ein einfaches A4 Blatt mit nur wenigen Angaben).
2. Ausfüllen und unterschreiben.
3. Die sogenannte *Beschreibung* der Idee verfassen (kein Formblatt).
4. Die sogenannten *Schutzansprüche* zu der Idee verfassen (kein Formblatt).
5. Eventuelle Skizzen oder Zeichnungen anfertigen (kein Formblatt). Skizzen oder Zeichnungen sind im Gegensatz zu den oben genannten Antragsbestandteilen *keine* Pflicht.
6. Alle Blätter in Reihenfolge durchnumerieren und in zweifacher Ausfertigung an das Patentamt schicken.
7. Warten, bis die Eingangsbestätigung des Patentamts per Post eintrifft, was üblicherweise nur wenige Tage dauert. Diese trägt dann das eingestanzte und damit bestätigte Eingangs-datum sowie das Aktenzeichen.
8. Die Bearbeitungsgebühr von 40 Euro unter Angabe des Aktenzeichens überweisen. Wird die Gebühr nicht innerhalb von drei Monaten bezahlt, gilt der Antrag ohne weitere Mitteilung als zurückgenommen.
9. Weitere Post abwarten, und gegebenenfalls beantworten. Nicht selten meldet das Patentamt Umformulierungswünsche an oder bemängelt die Form der Ausführung.
10. Die Gebrauchsmusterurkunde wird zugeschickt.

7. Wie lange dauert das Eintragungsverfahren?

Wie schon erwähnt ist das gesamte Verfahren erfreulich kurz. Treten keine außergewöhnlichen Schwierigkeiten auf, so erhalten Sie normalerweise innerhalb von 2 bis 4 Monaten nach Absenden des Antrages Ihre Gebrauchsmusterurkunde per Post.

8. Ist ein Anwalt erforderlich?

Grundsätzlich kann jeder Bürger mit Wohnsitz in Deutschland sein Gebrauchsmuster ohne jede anwaltliche Hilfe anmelden. Die freiwillige Möglichkeit, sich durch einen Patentanwalt beraten oder vertreten zu lassen, besteht natürlich immer.
Am ehesten ist anwaltlicher Rat wahrscheinlich bei der Formulierung der sogenannten Schutzansprüche geraten, weil durch sie die Schutzwirkung und damit der spätere Wert des Schutzrechtes bestimmt wird; und weil es erfahrungsgemäß nur wenigen Menschen leicht fällt, eine möglichst umfassende Formulierung zu finden, und zwar auch noch in der teils eigenartigen »Patentsprache«. Patentanwälte sind wegen ihrer technisch-naturwissenschaftlichen Ausbildung in Kombination mit der juristischen dafür ausgebildet. Entscheidet man sich für ihre Hilfe, sollte vor der Festlegung auf eine bestimmte Kanzlei immer eine kostenlose Erstberatung in Anspruch genommen werden. Im Internet finden sich unter www.patentanwalt.de und www.patentanwalt-suche.de Anwälte Ihrer eigenen Region. Und noch einmal zur Erinnerung: Wer nicht in Deutschland wohnt und hier auch keinen Sitz hat, *muß* sich bei der Anmeldung durch einen deutschen Rechtsanwalt vertreten lassen.

9. Hilfreiche Dokumente

Unter anderem die folgenden Dokumente stehen allen interessierten Bürgern auf den Servern des Patentamt München kostenlos zur Information zu Verfügung. Die Zahl in Klammern beschreibt die interne Formularbezeichnung des Patentamts.

- Merkblatt für Gebrauchsmusteranmelder (G6181)
- Kostenmerkblatt (A9510)
- Antrag auf Eintragung eines Gebrauchsmusters (G6003)
- Verordnung über die Anmeldung von Gebrauchsmustern (G6180)

Die
Anmeldung

Wie immer beim Umgang mit Behörden gibt es auch beim Deutschen Patent- und Markenamt alle möglichen Formulare, Anträge, Merkblätter und Formvorschriften, und ja, auch für die Gebrauchsmusteranmeldung. Ein vollständiger Antrag zur Gebrauchsmustererteilung besteht mindestens aus 3 Dokumenten, die hier nun genauer vorgestellt werden:

1. Das eigentliche **Antragsformular**. Dieses besteht lediglich aus einem Blatt A4. Es enthält nur wenige Felder und ist auch für ungeübte Menschen leicht auszufüllen.

2. Die technische **Beschreibung** der Erfindung oder Idee (kein Formblatt). Die Beschreibung soll die Idee einem technisch verständigen Menschen soweit erklären, daß dieser in der Lage ist, das Gerät funktionsfähig herzustellen.

3. Der Formulierung der **Schutzansprüche** (kein Formblatt). Die Schutzansprüche beschreiben so exakt wie möglich, welches Produkt (welche Idee) und besonders, welche Eigenschaften des Produkts der Anmelder in seinem Namen geschützt wünscht.

Zu diesen drei Grundbestandteilen kommen je nach Bedarf noch Zeichnungen, Vollmachten und ähnliches. Der gesamte Antrag, also alle Dokumente und Blätter, ist zweifach einzureichen. Dabei

BUNDESREPUBLIK DEUTSCHLAND

URKUNDE

über die Eintragung des

Gebrauchsmusters

Nr.   3 12 700.5

IPC: 67C 11/06

Bezeichnung:
Überlaufschutz für Flüssigkeitstrichter
Martina Mustermann, 20355 Hamburg

Gebrauchsmusterinhaber:
Faber,Teri, 61250 Usingen, DE

Tag der Anmeldung: 18.08.2005

Tag der Eintragung: 13.11.2005

Der Präsident des Deutschen Patent- und Markenamts

Dr. Schade

ist die Behörden- und Formularsprache typischerweise deutsch. Ein Antrag auf Gebrauchsmusterschutz kann auch in einer anderen Sprache abgefaßt werden, zum Beispiel zur schnellen Datumssicherung. In diesen Fällen müssen allerdings innerhalb von drei Monaten beglaubigte Übersetzungen nachgereicht werden. Wird die Übersetzung nicht innerhalb dieser Frist nachgereicht, so gilt der Antrag als zurückgenommen. Ganz ähnlich verhält es sich mit den Gebühren. Wird nicht innerhalb von drei Monaten die Anmeldegebühr von 40 Euro bezahlt, so gilt der Antrag ohne weitere Mitteilung als zurückgenommen.

Großer Wert wird beim Patentamt auf die äußere Form und auf die Formulierungen gelegt. Weiter unten folgt ein Auszug aus den allgemeinen Formvorschriften für eine Anmeldung. Die vollständigen Wünsche des Amts sind sehr umfangreich und deshalb den Merkblättern zur Gebrauchsmusteranmeldung zu entnehmen. Das erscheint zunächst übertriebene Bürokratie. Wenn man aber einmal daran denkt, daß das Patentamt jedes Jahr viele Tausend unterschiedlichste Ideen erhält, daß es diese dann archivieren – und ganz wichtig – auch nach Jahren schnell wiederfinden muß, und daß sich aus diesen Vorgängen zum Teil hunderttausende Euro wertvolle Rechte ableiten, dann kommen einem die Formvorschriften vielleicht nicht mehr ganz so strikt vor. Es folgt ein Auszug aus den allgemeinen Formvorschriften:

- Als Blattgröße ist ausschließlich das Format DIN A4 zu verwenden.

- Mit Ausnahme von Zeichnungen sollen alle Anträge, Beschreibungen etc. im Hochformat niedergelegt werden.

- Alle Blätter dürfen nur einseitig beschriftet werden.

- Der Zeilenabstand soll 1,5 betragen.

- Als Mindestränder sind zu benutzen: Oben und links 2,5

Zentimeter, rechts und unten 2 Zentimeter.

- Ausfüllen des Antrags nur mit Schreibmaschine, Computer oder anderen technischen Verfahren.

- Nur festes Schreibmaschinenpapier ohne Falz etc. verwenden, zusätzliche Rahmen dürfen nicht aufgedruckt werden.

- Das Papier muß sauber, ohne Risse und Ränder, Knicke oder Radierungen sein.

1. Das Antragsformular

An das
Deutsches Patent- und Markenamt
80297 München

DEUTSCHES PATENT- UND MARKENAMT

2

(1) Anschrift Straße, Haus-Nr. und ggf. Postfach angeben

Sendungen des Deutschen Patent- und Markenamts sind zu richten an:

☐ Antrag auf Eintragung eines Gebrauchsmusters

☐ Eintritt in die nationale Phase Aktenzeichen PCT/.../....

☐ TELEFAX vorab am

Aktenzeichen *(wird vom Deutschen Patent- und Markenamt vergeben)*

(2) Zeichen des Anmelders/Vertreters (max. 20 Stellen) | Telefon des Anmelders/Vertreters | Datum

(3) Der Empfänger in Feld (1) ist der
☐ Anmelder ☐ Zustellungsbevollmächtigte ☐ Vertreter | ggf. Nr. der Allgemeinen Vollmacht

(4) nur auszufüllen, wenn abweichend von Feld (1)

Anmelder   **Vertreter**

(5) soweit bekannt

Anmeldercode-Nr. | Vertretercode-Nr. | Zustelladresscode-Nr.

(6) Bezeichnung der Erfindung

unverbindl. IPC-Vorschlag d. Anmelders

(7) s. Kostenhinweise auf der Rückseite

Sonstige Anträge

☐ Aussetzung der Eintragung und Bekanntmachung für ____ Monate *(Max. 15 Monate ab Anmelde- bzw. Prioritätstag)*

☐ Recherchenantrag - Ermittlung der öffentlichen Druckschriften (§ 7 Gebrauchsmustergesetz)

(8) **Erklärungen**   Aktenzeichen   Anmeldetag

☐ Teilung/Ausscheidung aus der Gebrauchsmusteranmeldung → **2**

☐ Abzweigung aus der Patentanmeldung (dem Patent) → **P**

☐ Der Anmelder ist an **Lizenzvergabe** interessiert (unverbindlich)

(9) **Priorität** *(inländische, ausländische, Ausstellungs-Priorität - Land, Prioritätstag u. Aktenz. d. Voranmeldung od. Ausstellung und Tag der erstmaligen Schaustellung)*

(10) Erläuterung und Kostenhinweise s. Rückseite

Gebührenzahlung in Höhe von _____ EUR

☐ **Einzugsermächtigung** Vordruck (A 9507) *ist beigefügt*

☐ **Überweisung** *(nach Erhalt der Empfangsbescheinigung)*

☐ **Abbuchung** von meinem/unserem Abbuchungskonto bei der Dresdner Bank AG, München Abbuchungsauftrag (V 1244) *ist beigefügt*

Wird die Anmeldegebühr nicht innerhalb von 3 Monaten ab dem Einreichungstag entrichtet, so gilt die Anmeldung als zurückgenommen!

(11) **Anlagen**
1. ____ Seite(n) Beschreibung (2-fach)
2. ____ Seite(n) Schutzansprüche (2-fach)
   ____ Anzahl Schutzansprüche
3. ____ Blatt Zeichnungen (2-fach)
4. ____ Vertretervollmacht
5. ____ Abschrift(en) d. Voranmeldung(en) bei Priorität
6. ____ Abschrift der Voranmeldung bei Abzweigung

(12) Unterschrift(en)

G 6003
11.02

Das Antragsformular für das Gebrauchsmuster kann man sich vom Patentamt zuschicken lassen. Viel einfacher aber, weil sofort und kostenlos, kann es über das Internet heruntergeladen (www.dpma.de) und bequem zu Hause ausgedruckt werden. Die richtige Formblattnummer lautet: G 6003. Angeboten werden zwei Dateiformate, nämlich *doc* für Microsoft-Word und *pdf* für den AdobeReader.

Sollten Sie das Formblatt als doc-Seite vom Patentamts-Server laden, dann besteht die Möglichkeit, es direkt unter Microsoft-Word am Bildschirm auszufüllen und auszudrucken. Die Datei wurde dafür so programmiert, daß nur zulässige Eintragungen möglich sind und daß die benötigten Kopien automatisch gleich mitausgefüllt und mitausgedruckt werden.

Zu beachten ist, daß die alleinige Einreichung des »Antrags auf Eintragung« nicht ausreicht, um einen rechtsbeständigen Anmeldetag zuerkannt zu bekommen – hierfür ist die Einsendung eines vollständigen Antrags erforderlich, nämlich mit der *technischen Beschreibung*, den *Schutzansprüchen* und gegebenenfalls den *Zeichnungen* – alles in zweifacher Ausführung. Die folgenden Felder finden sich auf dem Antragsformular:

1. Zustelladresse

Die Adresse, an die alle Sendungen des Patentamts geschickt werden sollen. Dabei kann es sich um die Adresse des Anmelders, eines Zustellungsbevollmächtigten oder eines Vertreters (Anwalt, Patentanwalt gesetzlicher Vertreter etc.) handeln. Auf gleicher Höhe rechts sollte durch Kreuz markiert werden, daß es sich um einen Gebrauchsmusterantrag handelt.

2. Zeichen/Telefon/Datum

Ein internes Zeichen kann wahlweise angegeben werden für den Bezug im späteren Schriftverkehr. Trotz Datumseintrag gilt ausschließlich der bestätigte Eingangstag des Patentamts für alle zukünftige Korrespondenz.

3. Funktion des Empfängers

Handelt es sich beim Empfänger um einen Vertreter des eigentlichen Erfinders, so muß eine Vollmacht beigelegt werden. Ausnahme: Beim dem Vertreter handelt es sich um einen Patentanwalt bzw. Rechtsanwalt.

4. Anmelder/Vertreter

Nur verwenden, wenn Anmelde- und Vertreteradresse, nicht mit der angegebenen Empfängeradresse übereinstimmt.

5. Codenummer

Wird vom Patentamt vergeben

6. Bezeichnung der Erfindung

Hier wird die genauestmögliche technische Bezeichnung der Idee oder des Produktes eingetragen, und möglichst kurz und knapp. Also nicht: »Chlorophyll-erzeugende, kohlenwasserstoffbasierte Biovorrichtung zur selbständigen Anfertigung von Eigenkopien«, sondern den sprachüblichen Ausdruck verwenden: Grassamen. Die eigentlichen Neuerungen sollen in dieser Bezeichnung nicht vorweg genommen werden.

7. Sonstige Anträge

Antrag auf Aussetzung (freiwillig): Verzögert den Zeitpunkt der Eintragung, und der Schutzwirkung, um bis zu 15 Monate. Die Schutzwirkung tritt erst mit Eintragung ein!
Antrag auf Recherche (freiwillig): Löst eine kostenpflichtige Recherche aus. Kann auch von Dritten, und zu jedem beliebigen späteren Zeitpunkt, beantragt werden. Achtung: Eine Gebührenerstattung – etwa bei Ablehnung, bei Antragsrücknahme etc. – erfolgt nicht.

8. Erklärungen

a) Teilung/Ausscheidung: Angaben sind nur dann erforderlich, wenn diese aktuelle Anmeldung auf einer anderen eigenen, bereits bestehenden Gebrauchsmusteranmeldung basiert.

b) Abzweigung: Angaben sind nur dann erforderlich, wenn diese aktuelle Anmeldung auf einer anderen eigenen, bereits bestehenden Patentanmeldung basiert.

c) Lizenzvergabe: <u>Unverbindliche</u> Angabe darüber, ob der Anmelder Interesse an der Lizenzvergabe hat. Falls ja, erfolgt die Veröffentlichung seiner Bereitschaft im Patentblatt. Die Angabe kann jederzeit formlos widerrufen werden und verpflichtet zu nichts.

9. Priorität

Angaben sind hier nur erforderlich, wenn die aktuelle Anmeldung sich auf eine andere eigene, bereits bestehende Gebrauchsmuster- oder Patentanmeldung bezieht. Der Zeitrang, also welche Anmeldung Vorrang vor einer anderen hat, wird vom Tag des Eingangs beim Patentamt bestimmt. Bei erweiternden in- oder ausländischen Anmeldungen kann dann unter bestimmten Voraussetzungen das Datum einer eigenen früheren Anmeldung, die Priorität, in Anspruch genommen werden.

10. Gebühren

Hier wird die Summe der für diesen Antrag anfallenden Gebühren eingetragen, im Regelfall also: Ohne Recherche 40 Euro, mit Recherche 290 Euro (40 + 250). Wie auch auf dem Formular vermerkt ist, sind zur richtigen Zuweisung Ihrer Zahlungen Gebührencodes anzugeben. Der Code für die Antragsgebühr lautet 321100, derjenige für die Recherchegebühr lautet 321200.

11. Anlagen

Da die Anträge je nach Idee und Anmelder sehr unterschiedlich ausfallen können, wird hier die spezifizierte Anzahl der beigefügten Anlagen eingetragen.

2. Die Beschreibung

1) <u>BESCHREIBUNG</u> zum Antrag auf Gebrauchsmusterschutz mit dem Titel

Transportables Kombinationsschloss für Sommer- und Wintersportausrüstung
von Herrn Stefan Mustermann vom 30.09.2005:

Bereich: Diebstahlschutz, mechanische Schlösser. Ausgangspunkt waren u. a. Klagen und Bedenken von Skifahrern über den Diebstahl ihrer Skiausrüstung während des Aufenthaltes in einer Skihütte, Restaurant etc. Dabei wird üblicherweise die Ski-Ausrüstung ungesichert und unbewacht außen an die Hauswand gestellt. Diebstähle geschehen dann z. B. dadurch, das ein Täter mit alten wertlosen Skiern vorfährt, neue teure Skier anschnallt und wegfährt.

Mit dem hier beschriebenen System mit der derzeitigen Arbeitsbezeichnung *SkiSafe* kann dies verhindert werden. Darüberhinaus können durch geeignete Formgebung mit SkiSafe zusätzlich auch z. B. Fahrräder und leichte Mopeds gegen unberechtigtes Wegfahren gesichert werden.

Im Folgenden wird ein Prototyp beschrieben, der aufgrund seines einfachen Aufbaus zu sehr geringen Kosten hergestellt werden kann. Durch andere Formgebung, Materialwahl, Art und Lage des Abschließmechanismus und Funktionsaufbau der Bügel sind viele weitere Ausführungen denkbar. Deswegen dient die beiliegende Zeichnung lediglich der besseren Übersicht, sie stellt nur eine einzige von vielen möglichen Ausführungsvarianten dar. Daher soll ausdrücklich darauf hingewiesen werden, das für alle denkbaren Kombinationen Schutzansprüche angemeldet werden:

Zwei (annähernd) deckungsgleiche Blech-Stanzteile in Form eines Bügels werden einseitig und gegeneinander drehbar zu einer mechanisch abschließbaren Einheit (Klammer) verbunden:

Die Innenkontur der Bügel ist so geformt, das im geschlossenen Zustand (mindestens) ein Paar Skier, und bei Bedarf zusätzlich ein Paar Skistöcke, eng hineinpassen. An dem System befindet sich ein Schloß (oder die Vorrichtung für ein Schloß, etwa Bohrungen), so das die Bügel wiederholbar abgeschlossen und geöffnet werden können.

Nachdem die Skier, idealerweise mit den Gleitflächen zueinander, aufgestellt wurden, wird SkiSafe zwischen Zehen- und Fersenaufnahme der Skibindungen zusammengeklappt und abgeschlossen. Damit ist das Entnehmen der Skier nicht mehr möglich und ein unberechtigtes Wegfahren ist unterbunden.

Um das System für die Mitnahme zu verkleinern, erhält einer der beiden Bügel entlang seiner Mittellinie (neutrale Faser) ein Langloch oder Führungsnut. Am anderen Bügel ist ein Führungsstift, passend in die Nut oder das Langloch, angebracht. Somit können die Bügel (ungefähr) deckungsgleich übereinander geschoben werden, wodurch sich die Systemgröße um ca. 50% verringert – die Einheit kann bequemer, z. B. in einer Tasche der Bekleidung, mitgeführt werden.

Die Beschreibung dient der schnellen schriftlichen Vorstellung der neuen Idee gegenüber Unbeteiligten, die bisher nichts davon gehört haben. Sie soll die Idee oder Erfindung mit präzisen Worten 1. vollständig, 2. unmißverständlich und 3. präzise darlegen. Ein Formblatt existiert dafür nicht. Es kommt also neben dem Verständnis vor allem auf eine gewisse Formulierungskunst an. Diese Anforderung sollte vom Anmelder nicht unterschätzt werden: Denn tritt einmal der Fall ein, daß in einem Patentstreitfall die formulierten Schutzansprüche keine Einigung oder Klärung ermöglichen, dann wird die Beschreibung (und eventuelle Zeichnungen) zur Entscheidungsfindung herangezogen. Der Anmelder formuliert also in seinem ureigensten Interesse. Nachdem Sie sich schon etwas mit den Formvorschriften vertraut machen konnten (nur DIN-A4 hochkant usw., siehe weiter oben), folgt der Textaufbau der Beschreibung immer der gleichen Systematik:

- Begonnen wird mit dem Titel. Dieser sollte der Bezeichnung im Anmeldeantrag entsprechen.

- Die Beschreibung soll dann mit der Angabe des technischen Gebiets, zu dem die Erfindung gehört, und der bisherigen Problematik, beginnen. Es soll der dem Anmelder bekannte Stand der Technik angegeben werden und die Mängel bzw. Verbesserungsmöglichkeiten der bisher bekannten Ausführungen dargestellt werden.

- Aus dem folgenden Hauptteil soll hervorgehen, mit welchen Mitteln der Anmelder dieses Problem gelöst hat.

- Die Erfindung soll dann anhand eines Ausführungsbeispiels näher erläutert werden. In diesem Ausführungsbeispiel sind auch weitere Einzelheiten zur besonderen Ausführung der Erfindung anzugeben und zu erläutern.

- Verweise auf externe Skizzen und Zeichnungen können, nicht müssen, zur Verbesserung des Verständnisses zu Hilfe genommen werden. Die Beschreibung selbst darf aber keine Zeichnungen, Skizzen etc. enthalten.

- Die Beschreibung wird mit den erzielten Vorteilen des neuen Gegenstandes abgeschlossen.

- Das hier gezeigte Beispiel dient lediglich der Veranschaulichung und ist nicht als Vorlage des Seiteninhalts oder Seitenaufbaus gedacht.

3. Die Schutzansprüche

2) SCHUTZANSPRÜCHE zum Antrag auf Gebrauchsmusterschutz mit dem Titel

Transportables Kombinationsschloss für Sommer- und Wintersportausrüstung
von Herrn Stefan Mustermann vom 30.09.2005:

1) Transportables Kombinationsschloss für Sommer- und Wintersportausrüstung, dadurch gekennzeichnet,

dass zwei Bügel in einem Drehpunkt miteinander verbunden sind.

2) System nach Anspruch 1, dadurch gekennzeichnet,

dass beide Bügel ungefähr deckungsgleich geformt sind.

3) System nach Anspruch 1 und 2, dadurch gekennzeichnet,

dass es baulich derartig gestaltet ist, das die Bügel ungefähr deckungsgleich entweder übereinander oder ineinander geschoben werden können.

4) System nach Anspruch 1, 2 und 3, dadurch gekennzeichnet,

dass es baulich derartig gestaltet ist, das die Bügel sich im geschlossenen Zustand verschließen lassen.

5) System nach Anspruch 1, 2, 3 und 4, dadurch gekennzeichnet,

dass die Bügel so geformt sind, das sich mindestens ein Paar Skier darin einschliessen läßt.

6) System nach Anspruch 1, 2, 3, 4 und 5, dadurch gekennzeichnet,

dass die Bügel so geformt sind, das neben der Fixierung von Skiausrüstungen auch die Anbringung an Zweiradfahrzeugen zum Zweck der Verhinderung des unberechtigten Betriebs möglich ist.

7) System nach Anspruch 1, 2, 3, 4, 5 und 6, dadurch gekennzeichnet,

dass die Bügel so geformt sind, das neben der Hauptfunktion „Diebstahlschutz" das System eine oder mehrere Zusatzfunktionen, wie zum Beispiel Werkzeug „Zange" und/oder „Schraubendreher" etc., erfüllen kann.

Die möglichst umfassende und vollständige Formulierung der Schutzansprüche einer Gebrauchsmusteranmeldung ist der wesentliche Kern jeder Anmeldung. Hauptsächlich sie, und nicht etwa die Beschreibung oder Zeichnung, bestimmt den Schutzumfang, und damit den gesamten Wert des Schutzrechts, bestimmen. Es kann nicht eingehend genug darauf hingewiesen werden, daß ausschließlich diejenigen technischen Merkmale, die in den Schutzansprüchen aufgelistet werden, Basis sind für alle späteren Rechte! Aus diesem Grund ist es außerordentlich wichtig, große Sorgfalt auf ihre Ausarbeitung zu verwenden. Auch die Beauftragung eines Patentanwaltes für diese Teilaufgabe kann eine gute Idee sein.

Damit Sie, liebe Leser, noch einmal genau erkennen, wie wichtig dieser Punkt ist: Wir weisen hiermit ausdrücklich darauf hin, daß ausschließlich der Leser allein für sämtliche Formulierungen und Ausführungen seines Gebrauchsmusterantrages verantwortlich ist. Dieser Ratgeber und die enthaltenen Beispiele dienen lediglich der unverbindlichen Information. In keinem Fall darf von Vorbildfunktion, von Vollständigkeit oder Korrektheit ausgegangen werden.

Wie bei der Beschreibung auch existiert kein besonderes Formblatt für die Schutzansprüche. Und ebenfalls wie bei der Beschreibung gelten auch hier die gleichen Formvorschriften (nur DIN-A4 hochkant usw., siehe weiter oben). Auch der Textaufbau folgt wieder der gleichen Systematik:

- Begonnen wird mit dem Titel. Dieser sollte der Bezeichnung im Anmeldeantrag entsprechen.

- Die Schutzansprüche sollen keine Bezugnahme auf die Beschreibung oder auf Zeichnungen enthalten.

- Im kennzeichnenden Teil sind diejenigen Merkmale der Erfindung einzutragen, für die Schutz beantragt wird. Der kennzeichnende Teil ist mit Worten wie »gekennzeichnet durch«, oder »dadurch gekennzeichnet daß...«, oder sinngemäßen Wendungen einzuleiten.

- Hilfreich ist, wenn man sich die folgenden Fragen selbst beantwortet: Aus welchen Teilen besteht die Vorrichtung? Wo sind die Teile konkret angebracht? Wie sind welche Teile miteinander verbunden? etc.

- Wichtig ist der formale Stil und die Gliederung der Ansprüche. Dies sollte übersichtlich und fortlaufend numeriert geschehen. Einzelne Merkmale sind deutlich vom Text abzuheben und sollten immer in einer neuen Zeile beginnen.

4. Die Zeichnungen

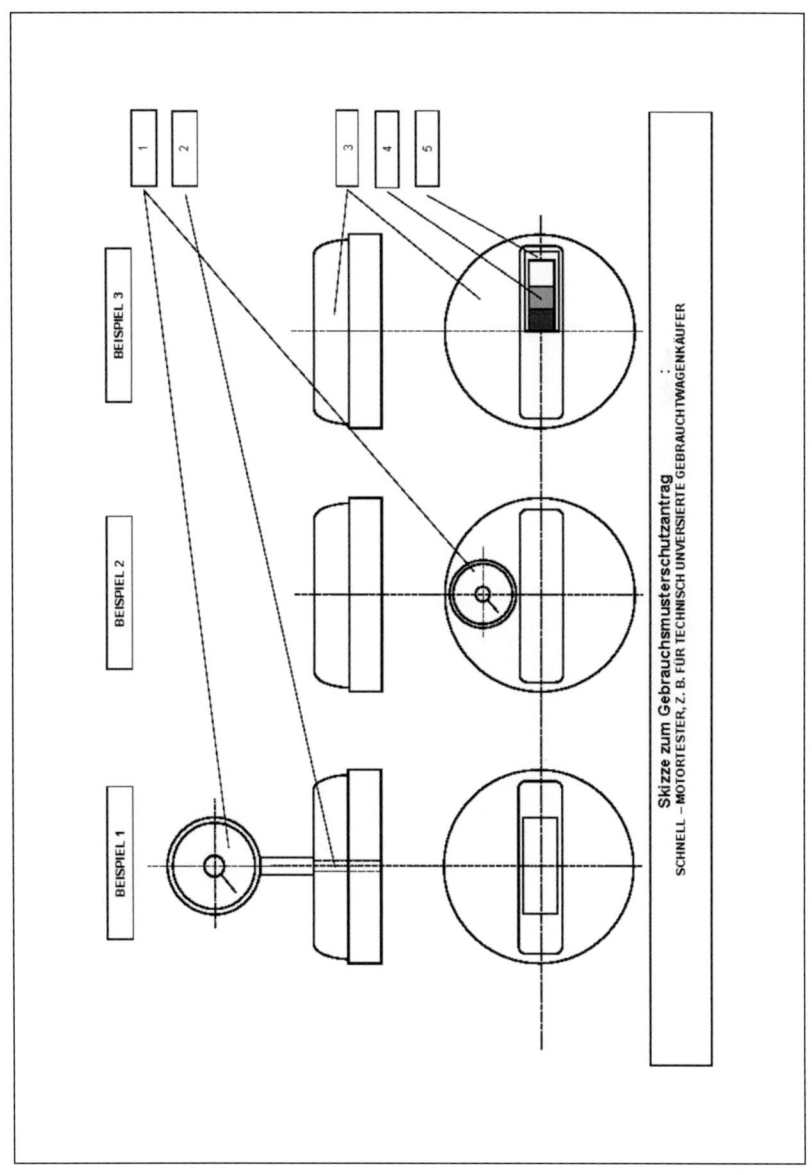

Zeichnungen können der schnellen Vorstellung einer neuen Idee dienen und Mißverständnisse verhindern. Sie können die wesentlichen Eigenschaften einer Erfindung mit wenigen Strichen, ohne Details, sozusagen auf den ersten (verständigen) Blick unmißverständlich darlegen. Sie sollen alle Merkmale und deren Zusammenspiel klar erkennen lassen und das Wichtigste hervorheben. Unwichtige und unwesentliche Details können weggelassen werden. Ein Anspruch auf vollwertige technische Zeichnungen, wie sie etwa in Industrie und Handwerk üblich sind, besteht seitens des Patentamtes nicht. »Gute Skizzen« beschreibt die Anforderung des Amtes deshalb besser. Oft können solche zum Beispiel ganz ordentlich mit den Zeichnungselementen von MS-Word erstellt werden. Auch für die Zeichnungen existiert kein Formblatt und es gelten wieder die gleichen bekannten Formvorschriften (nur DIN-A4, nur bei Zeichnungen darf es hier auch einmal quer sein usw., siehe weiter oben):

- Es besteht *kein Zeichnungszwang* zum Antrag auf Gebrauchsmusterschutz. Hilfreich sind sie trotzdem oft.

- Zeichnungen können auf Wunsch wieder aus dem Antrag entfernt werden, solange der Anmeldevorgang noch nicht abgeschlossen ist.

- Zeichnungen *müssen* eingereicht werden, falls in den Schutzansprüchen oder in der Beschreibung direkt auf diese Bezug genommen wurde.

- Textangaben, zum Beispiel Erläuterungen oder Bezeichnungen, sind in Zeichnungen nicht zulässig! Einzelteile sollen nur mit Ziffern, und nicht mit Text beschriftet sein.

- Werden in der Zeichnung Einzelteile mit Ziffern zur Erläuterung versehen, dann gehört zu jedem Zeichnungsblatt noch eine Bezugszeichenliste – also ein separates Blatt, das die Einzelteilnummern erläutert (siehe kleine Abbildung).

- Fotografien gelten nicht als Zeichnungen und können diese nicht ersetzen.

- Auch Zeichnungen und Skizzen müssen auf gesonderten Blättern und jeweils in zweifacher Ausführung eingereicht werden.

5. Nach dem Absenden

Nur wenige Tage nachdem Sie ihren Antrag zur Post gaben, erhalten Sie schon Antwort vom Patentamt. Die Empfangsbescheinigung ist eingetroffen. Dabei handelt es sich um eine Kopie Ihres Antragsformulars, das nun eine Aktenzeichennummer trägt und in das ein, dadurch bestätigtes, Eingangsdatum gestanzt wurde. Jetzt ist die richtige Zeit, um die Bearbeitungsgebühr zu überweisen: Solange nämlich die Gebühr nicht eingegangen ist, ruht die Weiterbearbeitung Ihres Antrags beim Patentamt. Dabei ist das Eingangsdatum aber auf jeden Fall in Ihrem Namen gesichert. Unternehmen Sie nun nichts bis zum Ablauf der Drei-Monatsfrist, dann wird Ihr Antrag mitteilungslos gelöscht.

Nur dann, wenn Sie viel Erfahrung mit diesen Anträgen besitzen, oder wenn ein Patentanwalt für Sie tätig war, ist es wahrscheinlich, daß nun nichts mehr geschieht bis in einigen Wochen die Gebrauchsmusterurkunde per Post eintrifft.

Allen anderen sei zum Trost mitgeteilt, daß sehr viele Antragsteller – laut telefonischer, unverbindlicher Auskunft eines Patentamtsmitarbeiters bis zu 80 % aller Erstanträge – einen Mängelbescheid mit der Aufforderung zur Nachbesserung erhalten. So gut wie immer handelt es sich dabei um Bemängelung der Formulierungen oder des Layouts von Beschreibung oder Schutzansprüchen.

Beseitigung von Mängeln

Ein Mängelbescheid des Patentamts formuliert die Mängel genau aus und gibt eine Frist, meist 4 Wochen, für die Nachbesserung. Um sicherzugehen, oder um sich nochmaliges Hin- und Herschicken zu sparen, kann man auch den Sachbearbeiter anrufen und mit ihm die beabsichtigten Verbesserungen vorbesprechen. Dabei ist es wichtig zu wissen, daß die Sachbearbeiter keinesfalls technische Experten sind – sondern Verwaltungs- und Bürofachkräfte, fast immer sehr freundliche und hilfsbereite, die auf die exakte Einhaltung der Formvorschriften geschult wurden und in „Technik" nicht bewandert sind.

1. Löst also eine anderslautende Formulierung mit gleicher Bedeutung das Problem nicht, oder
2. gehen Ihnen die Änderungswünsche, besonders bei den Schutzansprüchen, zu weit, oder
3. würden die Schutzansprüche durch die verlangten Änderungen an Wirkung verlieren,

dann sollten Sie <u>keine</u> Änderung vornehmen, nur weil dies vom Sachbearbeiter gewünscht ist!

Wenden Sie sich stattdessen, bevor Sie irgendeine Änderung vornehmen, mit der Bitte um Rat an eine höhere Instanz: Zum Beispiel an Ihren Anwalt. Auch die Meinung des Abteilungsleiters im Patentamt, regelmäßig erfahrene Menschen und manchmal auch mit technischer Ausbildung, kann telefonisch oder schriftlich erbeten werden. Mit der dann folgenden Einsendung der überarbeiteten Anmeldung (zum Beispiel: »2. überarbeitete Version der Schutzansprüche vom 11.11.2009 zur Gebrauchsmusteranmeldung 203.555.1234 vom 11.10.2009«) ist der Fall normalerweise erledigt. In jedem Fall sollten Sie alle Änderungen dokumentieren: Also immer Kopien mit genauem Datum – und den Schriftverkehr des Patentamts sowieso – aufbewahren.

Eintragung und Bekanntmachung
Bestehen keine formalen Mängel im Antrag, oder wurden bestehende ausgeräumt, und wurde die Anmeldegebühr bezahlt, dann wird Ihr Gebrauchsmuster in die Gebrauchsmusterrolle eingetragen. Die Eintragung wird im Patentblatt in Deutschland veröffentlicht und Sie erhalten eine Urkunde per Post zugesandt.

Die folgende Auflistung von Anschriften und Kontaktdaten rund um Gebrauchsmuster und Patent wurde weder auf Vollständigkeit noch auf Qualität geprüft. Die Einträge stellen keine Empfehlung dar, sondern dienen ausschließlich der Information. Der Leser ist unbeschränkt eigenverantwortlich für seine Entscheidungen. Jede Haftung ist ausgeschlossen.

- Deutsches Patent- und Markenamt (DPMA), Zweibrückenstraße 12, 80331 München, Telefon (089) 21 95-0, Telefax (089)21 95-22 21, Telefonische Auskünfte (089)21 95-34 02, www.dpma.de, Postanschrift Deutsches Patent und Markenamt, 80297 München
- DPMA, Dienststelle Jena, Goethestraße 1, 07738 Jena, Telefon (03641) 40-54, Telefax. (03641) 40-56 90, Telefonische Auskünfte (03641) 40-55 55
- DPMA, Technisches Informationszentrum Berlin, 10958 Berlin, Telefon (030) 25 99 2-0, Telefax (030) 25 99 2-404, Telefonische Auskünfte (030) 25 99 2-22 0
- AGIT - Aachener Gesellschaft für Innovation und Technologietransfer mbH, Am Europaplatz, 52068 Aachen, Telefon (02 41) 9 63 - 10 20, Telefax (02 41) 9 63 - 10 33
- ATI Küste Agentur für Technologietransfer und Innovationsförderung GmbH, Joachim-Jungius-Straße 9, 18059 Rostock, Telefon (03 81) 4 05 93 11, Telefax (03 81) 4 05 93 10
- AXON Technologie Consult GmbH, Hanseatenhof 8, 28195 Bremen, Telefon (04 21) 1 75 55 – 15, Telefax (04 21) 17 16 86
- BTI - Beratungsgesellschaft für Technologietransfer und Innovationsförderung mbH, Gostritzer Straße 61-63, 01217 Dresden, Telefon (03 51) 8 71 75 61 / 75 55, Telefax (03 51) 8 71 75 56
- Bundesverband Deutscher Patentanwälte e.V., Kronenstraße 30, 70174 Stuttgart, Telefon (0711) 22 29 76-0, Telefax (0711) 22 29 76 –76, www.bundesverband-patentanwaelte.de
- Büro für Technologietransfer, Dipl.-Ing. Klaus Hübner, Schillerallee 15, 22926 Ahrensburg, Telefon (0 41 02) 58 482, Fax(0 41 02) 16 61
- COSEARCH COHAUSZ HASE Recherche GmbH, Schumannstraße 107, 40237 Düsseldorf, Telefon (02 11) 9 14 60 – 10, Telefax (02 11) 9 14 60 - 15

- Deutscher Erfinderring e.V. und Deutscher Erfinderverband e.V., Sandstr. 7, 90443 Nürnberg, Telefon (09 11) 26 98 11, Telefax (09 11) 26 97 80
- DVCG Deutsche Venture Capital Gesellschaft GmbH, Emil-von-Behring-Str. 2, D-60439 Frankfurt a. Main, Telefon (0 69) 5 70 06-0, Telefax(0 69) 5 70 06-200, www.dvcg.de
- Doitsugo Kaiwakyoshitsu Rita, Alexander Binner, 810-0001 Fukuoka-Shi, Chu-oku, Tenjin 6-6-3, Nagano Biru 2.F, Japan, Telefon/Telefax 0 92 (7 16) 62 12, E-Mail ritter@fat.coara.or.jp
- Edison & Co., Erfinderlokal mit der Möglichkeit, Ausstellungen, Erfinder-Stammtische, Vernissagen u.a. durchzuführen, Schulstraße 28, 80634 München, Telefon (0 89) 13 03 93 93, Telefax(0 89) 13 03 92 92
- Erfinderbüro Tiling, Dachshofstr. 12, 81249 München, Telefon (0 89) 85 66 39 37, Telefax(0 89) 85 66 39 38, www.erfinderbuero.de
- Erfinder-Kontaktstelle Hamburg, Buxtehuder Str. 76, 21073 Hamburg, Telefon (0 40) 35 90 58 46, Telefax (0 40) 35 90 58 58
- Erfinderzentrum Stubbe GmbH, Am Plessen 6, 49205 Hasbergen/Osnabrück, Telefon (0 54 05) 942 22, Telefax (0 54 05) 942 24
- EZN Erfinderzentrum Norddeutschland GmbH, Hindenburgstr. 27, 30175 Hannover, Telefon (05 11) 81 30 51, Telefax (05 11) 2 83 40 75
- Forschungsagentur Berlin GmbH, Köpenicker Straße 325, 12555 Berlin, Telefon (0 30) 6 57 29 64, Telefax (0 30) 65 76 23 51
- Forschungs- u. Entwicklungs-Zentrum - FEZ Witten GmbH, Alfred-Herrhausen-Straße 44, 58455 Witten, Telefon (0 23 02) 9 14 00 – 0, Telefax (0 23 02) 9 14 00 – 50
- Fraunhofer-Gesellschaft zur Förderung der angewandten Forschung e.V., Patentstelle für die Deutsche Forschung, Leonrodstraße 68, 80636 München, Telefon (0 89) 12 05 - 4 21, Telefax (0 89) 12 05 - 4 98
- Future Holding Aktiengesellschaft, Hermelin Str. 6-8, 33378 Rheda-Wiedenbrück, Telefon (0 52 42) 93 68 – 0, Telefax (0 52 42) 37 70 27
- The Generics Group, Harston Mill, Harston, Cambridge CB2 5NH, United Kingdom, Telefon +44 12 23 87 52 00, Telefax +44 12 23 87 52 01, www.generics.co.uk
- German Venture Partners®, Sartoriusstraße 38, 45134 Essen, Telefon (02 01) 4 35 16 – 0, Telefax (02 01) 4 35 16 – 18
- Gesellschaft zur Entwicklung und Vermarktung Innovativer Produkte mbH, Grefrather Straße 42, 47669 Wachtendonk-Wankum, Telefon (0 28 36) 91 49 – 0, Telefax (0 28 36) 91 49 – 99
- Glasauer Unternehmensbeteiligungen AG, Gelbinger Gasse 97, 74523 Schwäbisch Hall, Telefon (07 91) 97 33 88, Telefax (07 91) 97 33 89
- Global Inventions Ltd., Specialists In Marketing Patented Inventions H.K. Branch, Correspondence Address: Unit B, 9/F, Tung Wui Building, 46 Kimberley Road,Tsim Sha Tsui, Kowloon, Hong Kong, Telefon (00 852) 23 16 75 88

- Dr. Görlitz - Agency Technics, Achtern Höben 5, 21465 Wentorf b. Hamburg, Telefon (0 40) 7 20 49 49, Telefax (0 40) 7 20 38 26
- Handelskammer Hamburg IPC-Innovations- und Patent-Centrum, Adolphsplatz 1, 20457 Hamburg, Telefon (0 40) 3 61 38 - 4 44, Telefax (0 40) 36 13 82 70
- Heinz Krönauer, Werkstätte für Sondermaschinenbau, Marienthal 2, 94244 Geiersthal, Telefon (0 99 23) 80 22 55, Telefax (0 99 23) 80 22 57
- Ideenbörse GmbH, Badenerstr. 153, CH - 8003 Zürich, Telefon (00 41) 7 94 04 78 35
- IDEE PLUS, Am Krümmling 01, 06184 Dieskau, Telefon (03 45) 58 296 – 0, Telefax (03 45) 58 296 -40
- INSTI-Erfinderforum Bottwartal, Am Schloßberg 9, 71720 Oberstenfeld, Telefon (0 70 62) 2 18 84, Telefax (0 70 62) 2 18 11
- item communication management service GmbH, Dalbergstr. 18, 63739 Aschaffenburg, Telefon (0 60 21) 31 88 – 0, Telefax (0 60 21) 31 88 – 60
- Licentie Marketing Nederland B.V., Bogert 1 Eindhoven, P.O. Box 466, 5600 AL Eindhoven Netherlands, Telefon + (31 40) 2 65 36 81, Telefax + (31 40) 2 65 35 45
- LITCA - Licencing, Innovation & Technology Consultants Association e.V., (früher: Verband der Patentwirtschaftler), deutsche Ansprechstelle: Willi S. Heuft, Schatzberg 10, 88662 Überlingen, Telefon (0 75 51) 78 64, Telefax (0 75 51) 6 47 52
- LPS Group, Licensing Products and Services, Irene Schmitt, Dipl.-Ing., European Manager, 235, Southwark Bridge Road, London SW1 6LY, United Kingdom, Telefon +44 (0) 207 450 50 90, Fax +44 (0) 207 407 72 26
- Maria Fluske GmbH, Beschaffung von Risikokapital für Erfinder zur Anmeldung, von nationalen und internationalen Patenten, Heisbergstraße 6, 51570 Windeck, Telefon (0 22 95) 57 48, Telefax (0 22 95) 57 55
- MC Maragudakis Consulting, Am Schloßberg 9, 71720 Oberstenfeld, Telefon (0 70 62) 2 18 84, Telefax (0 70 62) 2 18 11
- MIPO - Mitteldeutsche Informations-Patent-Online-Service GmbH Halle, Rudolf-Ernst-Weise-Straße 18, 06112 Halle/Saale, Telefon (03 45) 29 39 80, Telefax (03 45) 2 93 98 40
- OPI OFFICE POUR LA PROMOTION L'INDUSTRIE GENEVOISE, François Brulhart, Rue Boissonnas 9, Case postale 1355, CH-1211 Genève 26, Telefon: +41 22-308 98 80, Telefax+41 22-308 98 90
- Patentanwaltskammer, Tal 29, 80331 München, Telefon (089) 24 22 78-0, Telefax (089) 24 22 78-24, www.patentanwalt.de
- Patentinformationszentrum der Hessischen Landes- und Hochschulbibliothek Darmstadt, Schöfferstraße 8, 64295 Darmstadt, Telefon (0 61 51) 16 - 55 27, Telefax (0 61 51) 16 - 55 28
- PAVIS e.G., Verrechnungs-, Informations- und Serviceorganisation der Patentanwälte in der Bundesrepublik Deutschland e.G., Prinzenweg 6a,

82319 Starnberg, Postfach 1546, 82305 Starnberg, Telefon (0 81 51) 76 50, Telefax: (0 81 51) 2 12 44

- Reburg-Patentverwertungsgesellschaft mit beschränkter Haftung, Wilhelm-Busch-Straße 2, D-38723 Seesen-Rhüden, Telefon (0 53 84) 9 65 41, Telefax (0 53 84) 96 54 45
- SCA International Promotion, Ch. de la Moraine 7A, CH-1162 St.-Prex, Schweiz, Telefon ++ 41 21 806 25 47, Telefax ++ 41 21 806 25 60
- TBF Technologie-Beteiligungsfonds GmbH & Co. KG, Arnold-Sommerfeld-Ring 2, 52499 Baesweiler, Telefon (0 24 01) 80 53 05, Telefax (0 24 01) 80 53 06
- Technische Universität Ilmenau, Patentinformationszentrum und Online Dienste – PATON, Langewiesener Straße 37, 98693 Ilmenau, Telefon (0 36 77) 69 45 10, Telefax (0 36 77) 69 45 38
- Technologie-Lizenz-Büro (TLB) der Baden-Württembergischen Hochschulen an der Universität Karlsruhe (TH), Rintheimer Str. 48, 76131 Karlsruhe, Telefon (07 21) 62 32 - 14/-15, Telefax (07 21) 61 21 70
- Walke Produktions- und Vertriebsges. mbH, Buchenallee 46, D-31542 Bad Nenndorf, Telefon (0 57 23) 60 19, Telefax (0 57 23) 7 58 90
- Wirtschaftsförderung Hessen, Abraham-Lincoln-Straße 38-42, 65189 Wiesbaden, Telefon (06 11) 7 74 - 2 99, Telefax (06 11) 7 74 - 3 85
- Wissenschaftlicher Informationsdienst Köln - WIND GmbH, Friesenwall 5-7, 50672 Köln, Telefon (02 21) 92 59 56 – 0, Telefax (02 21) 92 59 56 – 56
- Young Inventors Network, c/o Swedish Inventors' Association, Nybrogatan 23, 11439 Stockholm, Sweden, Telefon (00 46) 8 597 91 000

Verlags-Programm

-Auszug-

Unsere Bestseller & Neuheiten

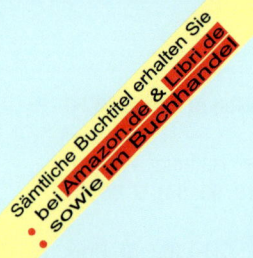

Allein gelassen? Die Exliebe wiedergewinnen

Wenn die Liebe zur Tür hinaus ist und alles nach lebenslangem Novemberwetter ausschaut, dann regiert die Sehnsucht pur: So schön wäre es, wieder von ihm/ihr in den Arm genommen zu werden. Dieser Ratgeber enthält eine ausführliche Schritt-für-Schritt Anleitung für den möglichen Anfang vom Happy-End: Leicht verständlich sind mehrere Psychologieprinzipien zusammengefaßt, um Ihrer Ex-Liebe das „Ex" sanft aus der Hand zu nehmen. 4. Auflage 2009 · 12 x 19 cm · Euro 7,90 · ISBN 978-3-8311-1825-0. Auch in 2 erweiterten Ausgaben erhältlich: **Allein gelassen? Die Exliebe wiedergewinnen...und die 10 wichtigsten Tips zum Zusammenbleiben!** 2008 · Euro 9,90 · ISBN 978-3-8370-6876-4 sowie **Allein gelassen? Die Exliebe wiedergewinnen...und zusammen bleiben!** 2. Auflage 2009 · Euro 11,90 · ISBN 978-3-8330-0692-0

Der richtige Lizenzvertrag für Patent-Inhaber und Erfinder

In „Deutscher Patentschutz für 40 Euro" wird gezeigt, wie Sie Ihr geistiges Eigentum zügig und kostengünstig beim Deutschen Patentamt in München schützen können. Doch wie sieht dann ein Lizenzvertrag aus ? Und was gehört hinein ? In diesem Ratgeber wird ein echter Lizenzvertrag zwischen Erfinder und deutschem Produktionsunternehmen vorgestellt: Der Leser erhält neben dem Einblick in die Welt der Wirtschaftsverträge wertvolle Unterstützung, die bares Geld einbringen und sparen kann: Bei Lizenzgebühren, bei Anwaltsauslagen und auch durch Erinnerung an Vertragsrisiken, die nicht jeder bedenkt. 2009 · DIN A5 · Euro 9,95 · ISBN 978-3-8370-8867-0

Bevor es zu spät ist: Die Trennung verhindern

Wenn zu spüren ist, daß die Liebe zur Tür hinaus will, dann ist es höchste Zeit zu reagieren. Doch wie können Sie Ihre Beziehung noch retten ? Hier erfahren Sie mehr als 30 wertvolle Tips aus der praktischen Psychologie, damit Ihr Partner seine Trennungsgedanken noch einmal überdenkt. Bevor es zu spät ist, können Sie mithilfe dieses Ratgebers einen fundierten Rettungsversuch für Ihre Beziehung unternehmen. Gleichzeitig legen Sie damit die Grundsteine für eine lange und glückliche Beziehung zu zweit – gerade jetzt, wenn es gar nicht danach ausschaut. 2009 · 12 x 19 cm · Euro 8,95 · ISBN 978-3-8370-8865-6

Florida für Einwanderer

Sonne, Palmen und Meer – damit ist für die meisten Menschen Florida, der tropische Bundesstaat der USA, beschrieben. Doch wer hier länger leben möchte als 2 Wochen, wer vielleicht gar Resident sein möchte, dem nutzt das typische Urlauberwissen nur wenig. In diesem Ratgeber wird Florida für Einwanderer beschrieben: Seine Geographie, das Klima, die Wirtschaft und Politik. Danach erfahren Sie alles Nötige über das Wohnen, Arbeiten und Steuern, Alltagskosten, und vieles mehr aus erster Hand. 2009 · DIN A5 · Euro 9,95 · ISBN 978-3-8370-8866-3

Alltag graut – Yachtbesitz bräunt

„Durchschnitts-Landratte wird Schiffsbesitzer" - wer hat davon noch nicht geträumt? Hier ist der Beweis, daß wirklich jeder Mann und jede Frau ein neues Leben beginnen kann. Spannend und unterhaltsam werden die Erlebnisse eines völlig boots-unerfahrenen Menschen aus Deutschland erzählt – auf seinem Weg zum süßen, unbeschwerten Leben auf der eigenen Yacht in Florida: Ab sofort ist jedes Jahr das beste Jahr. 2000 · 12 x 19 cm · Euro 12,74 · ISBN 978-3-8981-1334-2

100 verblüffende Autogeheimnisse

Autos begleiten uns tagtäglich durchs Leben. Doch nur wenige Menschen ahnen, welche verblüffenden und skurrilen Geheimnisse die erfolgreichste Maschine der Erde verbirgt. In diesem Buch wird erstaunliches Auto-Wissen für jedermann und jedefrau leicht verständlich vorgestellt. Wer sich nicht sicher ist...wieviel PS ein Pferd hat...ob Dieselmotoren Livio mögen...wie der Kühler in 5 Minuten selbst repariert wird...ob die „James-Bond-Wende" wirklich funktioniert...daß Autos viel grüner sind als ICE-Züge...und weitere 95 Tatsachen erfahren möchte, die normalerweise Kfz-Ingenieuren vorbehalten bleiben – der liest hier über weithin unbekannte Eigenschaften der erfolgreichsten Maschine der Erde. 2002 · DIN A5 · Euro 15,90 · ISBN 978-3-8311-1826-7

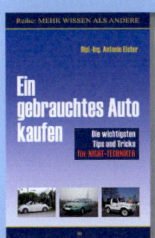

Ein gebrauchtes Auto kaufen. Die wichtigsten Tips & Tricks für Nicht-Techniker.

Auf dem privaten Gebrauchtwagenmarkt sind häufig bessere und günstigere Angebote als beim Händler zu finden – wenn man sich nur ein wenig auskennt. Aber wie finden sich die guten Angebote unter den zahlreichen fragwürdigen? Dieser Ratgeber zeigt allen Nicht-Technikern die wirklich wichtigen Tips & Tricks leichtverständlich auf: 1. Welche Anzeigen Sie besser nicht anrufen 2. Wie Sie geschickt mit dem Verkäufer umgehen 3. Wie Sie versteckte Mängel am Auto erkennen. 2007 · DIN A5 · Euro 7,95 · ISBN 978-3-8334-9079-8

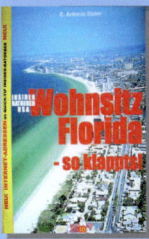

Wohnsitz Florida – so klappts!

Um sich in den USA erfolgreich niederzulassen, sei es nun permanent oder zeitweilig, ist viel amerikanisches Know-how notwendig. Die Wohnsitz-Ratgeber über Florida und Kalifornien sind umfassende, detaillierte Handbücher zu dem jeweiligen US-Bundesstaat: Visamöglichkeiten, Hauskauf, Autokauf, Steuern, Stellensuche - kurz, das komplette Gewusst-Wie zum Leben genießen in den USA erfährt der Leser aus erster Hand. Ebenso enthalten sind viele ausgewählte Tips, Anschriften und Internetadressen, wie sie nur die Praxis liefern kann. 2000 · DIN A5 · Euro 15,29 · ISBN 978-3-89811-216-1

Wegziehen in die USA. Das Wichtigste zu Visa, Wohnung, Arbeit, Auto, Finanzen.

Die USA sind Top-Einwanderungsziel unserer Erde. Dieser Ratgeber ist die Basis für den ersten Schritt in das Land der unbegrenzten Möglichkeiten. Konkret wird der Leser über die wichtigsten Fragen informiert: Visaarten, Kauf und Miete von Wohnung und Haus, Stellensuche, Selbstständigkeit, Autokauf und Finanzen werden zu einem günstigen Preis nahegebracht. 2002 · DIN A5 · Euro 6,95 · ISBN 978-3-8311-4048-0.

Tips & Tricks zu GreenCard und B-Visa

Die USA sind Top-Einwanderungsziel unserer Erde. Dieser Ratgeber informiert alle Menschen, die sich zeitweise oder permanent dort niederlassen möchten über die beiden gängigsten Visaformen. Er erklärt die Unterschiede zwischen GreenCard und B1/B2 Visum, und worauf es bei den amerikanischen Behörden bei der Beantragung ankommt. 2000 · DIN A5 · Euro 6,60 · ISBN 978-3-89811-159-1

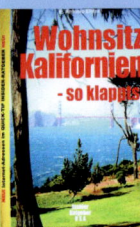

Wohnsitz Kalifornien – so klappts!

Um sich in den USA erfolgreich niederzulassen, sei es permanent oder zeitweilig, ist viel amerikanisches Know-how notwendig. Die Wohnsitz-Ratgeber über Kalifornien und Florida sind umfassende, detaillierte Handbücher zu dem jeweiligen US-Bundesstaat: Visamöglichkeiten, Hauskauf, Autokauf, Steuern, Stellensuche - das komplette Gewusst-wie zum Leben genießen in den USA erfährt der Leser aus erster Hand. Auch enthalten sind ausgewählte Tips und Anschriften, wie sie nur die Praxis liefern kann. 2000 · DIN A5 · Euro 15,29 · ISBN 978-3-8981-1332-8

Schicksalszahlen 2009

Viele Menschen wissen es intuitiv: In unserer sogenannten modernen Welt existieren Kenntnisse und Fähigkeiten, die den Wissenschaften auf immer verborgen bleiben – und von denen nur wenige zu träumen wagen. Hier halten Sie den Ablauf der Welt in Händen: Die täglichen Entscheider über Glück und Unglück in Ihrem Leben – die Schicksals-zahlen für 2009. 2008 · 12 x 19 cm · Euro 7,95 · ISBN 978-3-8370-6833-7

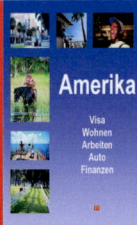

Amerika: Visa • Wohnen • Arbeiten • Auto • Finanzen

Aufbauend auf den Titel „Wegziehen in die USA" liefert dieser Ratgeber noch detailliertere USA-Informationen, die weit über das übliche Urlaubswissen hinausgehen: Visaformen, Hauskauf und Anmietung, Stellensuche, Firmengründung, Autokauf, Führerscheine, Banken und Steuern. 2001 · DIN A4 · Euro 9,95 · ISBN 978-3-8311-1922-6

Tipps & Tricks für Autofahrer

Praktisches Know-how für Autofahrer im Alltag spart Geld, hilft weiter und macht Spaß – besonders, wenn es sogar manchem Automechaniker unbekannt ist und leichtverständlich erzählt wird: Hier werden verblüffende Tips & Tricks rund um das Auto vorgestellt, die jedermann und jederfrau anwenden kann. So wird das Konto bei Reparaturen und beim Gebrauchtwagenkauf geschont, und der Leser weist sich bei Freunden und Bekannten als gewiefter Fachmann aus. 2004 · DIN A5 · Euro 5,95 · ISBN 978-3-8334-0764-2

Land in Feindeshand – Deutschland wird sozialistisch

Viele Anzeichen der deutschen und europäischen Politik geben Anlaß zu großer Sorge: Um persönliche Freiheit, um persönliches Eigentum und um die kommende Generation. Zeichen totalitärer Prinzipien und Denkweisen verstärken sich. Zieht schon wieder der häßliche und latent kriminelle Sozialismus auf? 2003 · 12 x 19 cm · Euro 9,90 · ISBN 978-3-8330-0485-8

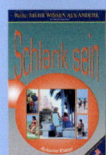

Schlank sein

Abnehmen und das Gewicht halten ist wirklich einfacher als manche Diät-Gurus glauben machen: Tatsächlich reichen leichtverständliche Kenntnisse aus. Und sich totzusporten ist unnötig. Auch Sie können schöner, gesünder, kostengünstiger – und natürlich glücklicher leben. Ein völlig ideologiefreier Ratgeber, zum Sofortstart geeignet: Jetzt kann jeder schön-schlank sein. 2005 · 12 x 19 cm · Euro 6,95 · ISBN 978-3-8334-3191-3

Tanken für 0,99 (DM)

Besonders für Dieselfahrer und an Technik interessierte Menschen: Dieselmotoren sind Mehrstoffmaschinen, die mit verschiedenen Kraftstoffen zuverlässig arbeiten. Wie und wo das eigene Diesel-Fahrzeug mit VEGA 9010, dem günstigen, überall erhältlichen und umwelt-freundlichen Spar-Kraftstoff betankt wird, das beschreibt dieser Ratgeber. Es fallen keine Umbaukosten an. 2001 · 12 x 19 cm · Euro 9,95 · ISBN 978-3-8311-2173-1

Männer zum Heiraten verführen. 40 Do's & Don'ts

Heiraten – für viele Frauen das romantischste Ziel einer guten Partnerschaft auf ihrem Weg zur besten. Doch falls „der Beste von allen" noch nicht so recht überzeugt ist, oder die Beziehung noch etwas Feinschliff benötigt, dann hilft dieser Ratgeber der modernen Frau. In 40 Einzelpunkten erfährt die Leserin leicht verständliches psychologisches Wissen, um ihre Partnerschaft weiter zu verbessern und in seinem Kopf die Hochzeitsgedanken hüpfen zu lassen. 2003 · 12 x 19 cm · Euro 8,90 · ISBN 978-3-8311-4235-4

Hexen heute erkennen

Viele Menschen wissen es intuitiv: In unserer Welt existieren Kenntnisse und Fähigkeiten, die den Wissenschaften verborgen bleiben, und von denen nur wenige zu träumen wagen: Wirkliche Hexen sind unter uns. Daß die klugen Zauberinnen, zu unrecht oft als böse abgestempelt, nicht als alte Frauen mit schwarzer Katze auftreten, ist vielen klar. Doch wie sind sie dann auszumachen? Und sollte man das überhaupt versuchen? 2005 · 12 x 19 cm · Euro 8,90 · ISBN 978-3-8334-3192-0

. . . so werden Sie geheiratet

Heiraten – für viele Menschen das romantischste und höchste Ziel einer guten Partnerschaft auf ihrem Weg zur besten. Doch falls „der beste Partner von allen" noch nicht so recht überzeugt ist ? Oder vielleicht vom Heiraten gar nichts wissen will ? Dann hilft dieser Ratgeber. In mehr als 30 alltags-typischen Einzelpunkten erfährt der/die Leser(in) leicht verständliches und einfach anzuwendendes psychologisches Know-How, um in beiden Köpfen freudige Hoch-zeitsgedanken hüpfen zu lassen. 2008 · 12 x 19 cm · Euro 7,90 · ISBN 978-3-8370-2457-9

Liebeskummer Lösungsland

Eine der schönsten wahren Kennenlern-, Auswanderungs-, Trennungs- und Liebeserzähl-ungen, wie sie nur das Leben schreibt: Deutschland, Neuseeland, USA – erst liebend zu zweit, dann allein und verlassen, und schließlich zwei neue »Love Birds« fest zusammenstehend in einem neuen, traumhaften Leben. Diese Geschichte ist der Beweis – wer sich nicht unterkriegen läßt, der erreicht seine Ziele. Farb- und S/W-Fotos. 2007 · 12x19 cm · Euro 7,95 · ISBN 978-3-8334-6914-5